Z 35819

Paris
1855

Goethe, Johann Wolfgang von

Goethe et Werther. Lettres inédites

Tome

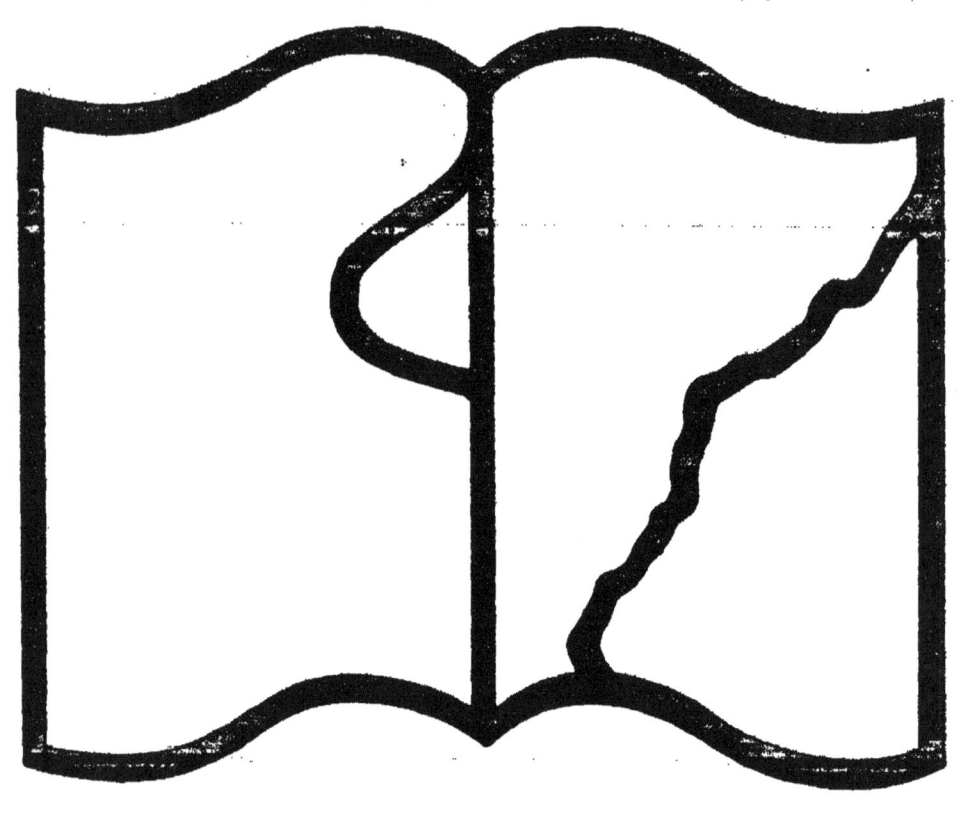

**Symbole applicable
pour tout, ou partie
des documents microfilmés**

Texte détérioré — reliure défectueuse

NF Z 43-120-11

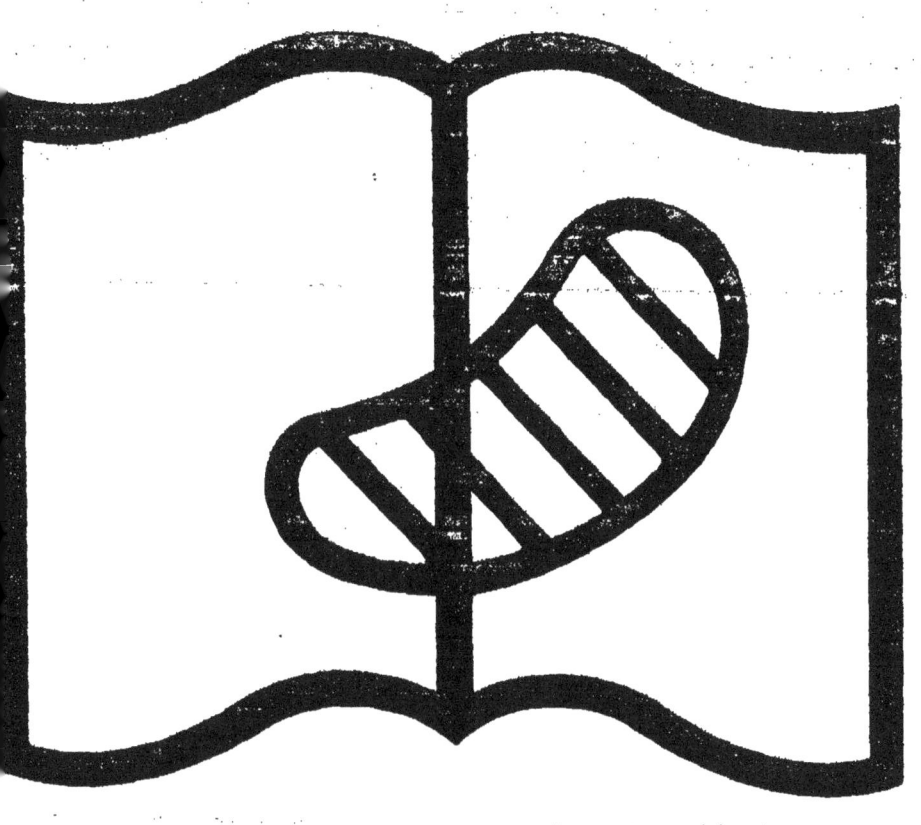

Symbole applicable
pour tout, ou partie
des documents microfilmés

Original illisible

NF Z 43-120-10

GŒTHE ET WERTHER.

GŒTHE ET WERTHER.

LETTRES INÉDITES DE GŒTHE

LA PLUPART DE L'ÉPOQUE DE SA JEUNESSE,
ACCOMPAGNÉES DE DOCUMENTS JUSTIFICATIFS,

PUBLIÉES PAR KESTNER,

TRADUITES

PAR L. POLEY.

« ..... Mais ce qui est sans égal et
sans pareil, c'est WERTHER. »
(Mme DE STAEL, De l'Allemagne.)

PARIS

E. GLAESER, LIBRAIRE,
9, RUE JACOB.

1855

PRÉFACE DU TRADUCTEUR.

Le livre dont nous offrons au public français une traduction, a eu en Allemagne, où il a été publié l'année dernière, sous le titre de *Gœthe und Werther*, un immense et populaire succès.

La raison de ce succès est facile à indiquer :

Les lecteurs de *Werther* — et c'est par millions qu'on les compte en Europe — ont dû être singulièrement éveillés par l'annonce d'une publication de pièces originales, à peine soupçonnées par quelques curieux et connues d'un petit cercle d'intimes. Ces lettres constatent que cette création *typique* de *Werther* n'est pas purement une œuvre de l'imagination du poëte, mais qu'elle a sa racine dans la vie réelle de celui qui fut plus tard, et de son vivant même, un *génie antique*.

Werther a vécu : c'est bien Gœthe. Mais le roman n'a peint que l'époque ardente, et qui fut passagère, de la jeunesse de Gœthe. L'issue de cette passion, la conclusion, si je puis dire, n'a pas été cependant transportée dans le poëme, telle qu'elle se présenta dès lors; le poëte l'a modifiée, soit parce qu'elle était *trop vraie pour être vraisemblable*, soit parce qu'il n'en a pas compris, à cette date, la naturelle grandeur. Elle a été remplacée, dans l'ouvrage, par un dénoûment à la fois plus vulgaire, plus dramatique et plus à la portée du sentiment de tous, par le suicide ; et ce suicide, on le verra, fut réel : il est emprunté à un fait qui s'est passé à Wetzlar peu de temps après le départ de Gœthe.

Ces lettres sont donc, en somme, les *pièces justificatives* et *l'explication* de *Werther*, et c'est bien là ce qui les a fait rechercher si avidement en Allemagne, et ce qui leur assurera, je crois, en France, un succès pareil.

LE TRADUCTEUR de *Gœthe et Werther*.

A

MADAME LA DUCHESSE DE RAUZAN.

Zur Erinnerung.

INTRODUCTION.

Notre grand poëte n'est plus ; nous contemplons sa vie puissante ; nous examinons ses traces ; nous recueillons tout ce qui le concerne, afin de fournir à l'histoire les éléments impérissables dont elles forme sa langue éternelle, pour la gloire et l'instruction du genre humain. Nous allons ajouter à ces trésors une série de lettres autographes de *Gœthe* [1], datant la plupart de la période de *Werther ;* nous les ferons suivre de quelques documents explicatifs.

Nous y trouvons l'homme qui, depuis, à dominé les idées de sa nation pendant un demi-siècle, dans les détails gracieux de la vie réelle, où nous reconnaissons les éléments de son grand poëme ; nous l'y voyons pareil à un jeune

---

[1] L'éditeur de ces lettres avait pris, peu de temps avant son décès, le 5 mars 1853, la résolution de les publier et de les faire précéder de cette introduction, dont le commencement indique l'origine dans les vives impressions, produites, il y a un certain nombre d'années, par la mort de Gœthe.

Plusieurs membres de sa famille, voulant accomplir les vœux du défunt, ont cessé leur opposition à cette publication.

aigle qui commence à agiter ses ailes, soupçonnant à peine qu'elles le porteront au plus haut soleil ; nous y voyons le jeune homme, l'ami, l'amant, sur les premiers chemins de la vie. Il nous a donné plus tard, dans *Vérité et Poésie*, l'histoire de sa vie. — Pour les extraits que nous donnons plus bas, voir le 22me vol. des Œuvres de Gœthe, édition de 1840.

Mais il y a avoué ses incertitudes sur la question de savoir si ce n'était pas plutôt les idées du poëte que les faits réels qui lui apparaissaient dans le brouillard des temps passés, et si les yeux du vieillard étaient encore capables de reconnaître et reproduire les couleurs de la jeunesse.

Nombre de personnes ont connu les sentiments de Gœthe pour une jeune fille appelée *Lotte*, et demeurant à Wetzlar ; car ses contemporains appréciaient dès lors ce jeune homme remarquable, et ils ont souvent fait mention de lui. Peu de temps après son départ définitif de cette ville, un jeune homme digne d'intérêt s'y était brûlé la cervelle. C'était Guillaume Jérusalem, fils du célèbre théologien de Brunswick, l'abbé Jérusalem. Deux ans après, le roman *les Souffrances du jeune Werther* fut publié. Le suicide fictif de ce Werther imaginaire, et le souvenir encore frais de la fin tragique de Jérusalem, attribuée aussi à un amour malheureux et presque coïncidant avec le séjour de Gœthe dans cette ville, agitèrent encore davantage les esprits déjà excités par le roman, et provoquèrent à la recherche des faits, dans lesquels on espérait découvrir le sujet d'une histoire si émouvante. D'innombrables anecdotes et interprétations inondèrent l'Allemagne, le public voulut reconnaître en Werther, tantôt Jérusalem, tantôt

Gœthe. Nous allons voir que ces allusions et ces conjectures n'ont pu se rapporter qu'à l'état du cœur de Gœthe. Les faits, particulièrement ceux qui sont relatifs à la catastrophe du roman, lui ont été étrangers. Gœthe a quitté pour toujours Lotte, lorsqu'elle était déjà fiancée. Et il n'a jamais revu la jeune femme. Il était âgé de soixante et dix ans, et elle avait soixante ans, lorsqu'il la rencontra à Weimar, où elle était allée voir sa sœur. Elle était à cette époque la vénérable mère de douze enfants, dont le quatrième est l'auteur de cette préface. Nos lettres rendront tout cela évident.

Pour bien comprendre le caractère de cette époque, il est indispensable de faire connaissance avec les amis avec lesquels Gœthe passa, pour ainsi dire, de la vie réelle dans la fiction. Les pages suivantes sont destinées à ce but. Si le fils s'étend ici complaisamment sur son père et sa mère dans ces commentaires historiques, il croit devoir le faire surtout par rapport à Gœthe, afin de mettre en lumière l'amitié intime de celui-ci pour les parents de l'auteur et d'expliquer la nature de leurs rapports.

Jean Chrétien Kestner, appelé « le futur » dans *Vérité et Poésie* de Gœthe (page 144 du 22me vol. des Œuvres complètes), et qui fut plus tard conseiller aulique à Hanovre, arriva à Wetzlar dans l'année 1767, à l'âge de vingt-six ans, en qualité de secrétaire de l'ambassade hanovrienne près de l'*Inspection* du tribunal de l'Empire. — Il était né à Hanovre le 28 août — jour de la naissance de Gœthe, — de l'année 1741. Son éducation avait parfaitement réussi, au milieu d'une famille heureuse et par les soins d'un gouverneur aussi savant que distingué. (Voyez n° 139 des documents). Un grand nombre d'hommes fort honorables et qui sont restés ses amis durant de longues années, ont témoigné qu'il était dès lors un excellent jeune homme, et qu'il fut plus tard un homme solide, juste et bienveillant, d'un esprit et d'un cœur également riches. Gœthe, un de ces témoins, dit dans une de ses lettres : « Vous avez été pour moi l'idéal d'un homme heureux, par la modération de vos désirs et l'ordre de votre vie ; votre ménage exemplaire a été pour moi un tableau joyeux et rassurant. » (Voyez n° 127.)

Pour faire connaître le caractère de ce personnage principal sur la scène où Gœthe entra à Wetzlar, nous avons ajouté aux lettres de Gœthe plusieurs de celles écrites par Kestner à ses amis de jeunesse, les frères de Hennings, assez connus. Elles contiennent des faits très-importants. Notre famille garde encore une autre correspondance datant du séjour de ces amis à l'Université. Tous les sentiments exprimés dans ces lettres sont profonds et purs. Ces jeunes gens, tendres comme des enfants, soupçonnant à peine le mauvais et le vilain côté du monde, pénétrés de principes austères, ramènent dans ces lettres toutes leurs pensées à leur amitié et fortifient leurs jeunes aspirations vers le bien et le beau, par la science, la nature et la poésie. Nous avons dû faire mention de ces lettres, quoique quelques-unes seulement aient été insérées dans ce livre. La beauté de l'âme qui brille dans ces lettres expliquera l'amitié pure et sublime qui fut offerte à Gœthe par le cœur si impressionnable de Kestner, à laquelle répondait l'âme énergique de Gœthe, et qui développa dans l'un et l'autre une rare noblesse de caractère.

Kestner, habitué au monde, souffrit d'abord de se trouver isolé dans une ville étrangère. Il charmait les ennuis de sa solitude par des promenades dans la charmante vallée de la Lahn, qu'il parcourait, suivant son journal, à pied et à cheval. Mais il retrouva bientôt dans la famille de M. Buff, bailli de l'Ordre Allemand, ce qu'il venait de perdre en quittant la maison de son père. Cette famille était connue comme une des plus distinguées de la ville et comme le modèle d'un ménage gai et vertueux. Le père était un homme honorable et plein d'énergie, la mère était sous tous les rapports une excellente femme. Les habitants de la ville l'appelaient « la mère des beaux enfants. »

Kestner ne tarda pas à aimer la seconde fille, Charlotte. Il gagna son affection et la bienveillance particulière de la mère.

Lotte, malgré son caractère vif et enjoué, comprit la candeur et l'honnêteté de l'homme qui aspirait à sa main.

Une lettre à son ancien gouverneur, ainsi que d'autres à son ami, nous fait connaître le caractère de la mère et celui de la fille, et de Kestner lui-même, qui se reflète dans la joie peinte par cette lettre. Gœthe a élevé, dans la dernière lettre de *Werther*, un monument à cette femme rare, en faisant parler sa fille qui y raconte une scène de sa vie.

Cette famille heureuse perdit la mère dans l'année 1770. Lotte, comme par un choix tacite, hérita de ses fonctions et remplaça sa mère auprès de dix enfants.

Kestner, fiancé heureux, avait joui dès l'année 1768 jusqu'à 1772 du printemps de sa vie, lorsque la connaissance de Gœthe lui apprit à apprécier encore davantage les qualités de sa bien-aimée. Gœthe, qui devait étudier à Wetzlar la procédure du tribunal de l'Empire, et Kestner, qui, très-occupé des travaux de son emploi, trouvait tout son monde dans une seule maison, ne s'étaient pas encore rencontrés, lorsque Gotter, ami de celui-ci, les présenta un jour l'un à l'autre dans le village de Garbenheim (appelé Wahlheim dans *Werther*). C'est à cette rencontre que nous devons l'esquisse du caractère de Gœthe, ébauchée par Kestner (document n° 1).

Peu de temps après, Gœthe fit la connaissance de Lotte dans un bal (voyez la description de la première rencontre de Werther et de Lotte dans le premier livre de *Werther*, lettre du 16 juin). Il se présenta le lendemain, pour la première fois, à la famille dans la maison allemande [1].

Gœthe trouva pendant quatre mois dans cette atmosphère consacrée par la mère défunte, un air pour respirer et vivre.

Lotte avait été le motif de sa première visite et de son introduction dans cette maison.

Les enfants rayonnants de santé et de beauté vinrent sauter autour de lui, étendre vingt mains vers lui, en poussant des cris de joie, parce que le nouveau cousin ou oncle aimait mieux leur conter des histoires et se laisser traîner par eux que de lire l'*Odyssée*. Aimé comme un fils par le bailli, comme un frère aîné par les enfants, il devint en peu de temps aussi l'ami intime de Kestner et de Lotte. Le cœur de Kestner lui donna la plus proche place près de son ami de jeunesse, M. de Hennings. Gœthe, le poëte, qui avait le culte de tout ce qui est beau, ne put que répondre à cette affection. Les deux jeunes hommes, en triomphant à chaque instant des plus grands dangers que

---

[1] Kestner donne une description de cette soirée, le 9 juin 1772, dans le fragment d'un brouillon de lettre (voir n° 2 des documents).

peut rencontrer l'amitié, reconnurent l'un dans l'autre les hautes qualités qui seules pouvaient rendre leur conduite digne d'une position si délicate et si difficile. Si Kestner ne pouvait offrir à Gœthe que son esprit lucide, son enthousiasme pour le bien et le beau, il ne faut pas oublier qu'ils étaient dans cet âge heureux de la jeunesse où des rapports d'âmes, pourvu qu'ils soient sincères, suffisent à produire l'amitié et la fraternité.

Le caractère particulier et la position de Lotte développaient en elle à un degré supérieur la dignité virginale, ordinairement le fruit de l'exemple d'une noble mère. Elle était élevée pour la vie réelle et heureuse ; aussi il n'y avait point d'élément sentimental dans son caractère. Les pages de *Werther*, où Lotte manifeste des idées romanesques ou un peu légères n'ont pas été empruntées à sa vie. Quand même une existence sentimentale aurait été conforme à son caractère, cette tendance aurait dû être absorbée par les soins maternels dont elle s'était chargée, à l'âge de dix-huit ans, et entourée toute la journée de dix enfants bruyants. L'accord heureux de ses devoirs et de ses dispositions maternelles augmentait sa jeune énergie. Elle conserva, en exerçant le pouvoir domestique d'une mère, la gaieté et la vivacité d'une jeune fille. Son air obligé de rigueur maternelle était gracieusement adouci par le bonheur de la fiancée. Telles étaient les qualités d'un caractère féminin où tout s'harmonisait dans une juste mesure, où tout était âme et respirait le sentiment de jeunesse sans arrière-pensée. Ce spectacle augmentait sans cesse la noble passion de Gœthe et son estime.

Les fiancés reconnaissaient de leur côté que le cœur de Gœthe était aussi généreux que franc. C'est ainsi qu'il pouvait leur avouer, sans restriction, chacun de ses sentiments et en faire le sujet de leurs entretiens. La jalousie soupçonneuse, qui surveille avec inquiétude le rival et lui ferme la porte de la bien-aimée, était inconnue ici. Il n'y avait entre eux ni l'orgueil du vainqueur, ni la rancune de celui qui se trouve moins favorisé, ni la coquetterie de la femme adorée qui se plaît dans son triomphe. Aucun de ces trois amis n'avait une pensée ni un sentiment qui n'auraient pas été communs à tous les trois. C'était une harmonie autrefois à deux, maintenant à trois, un rapport bien rare dans l'histoire de l'humanité. Ce que nous venons de dire ici est le commentaire des passages de *Vérité et Poésie* (voir pages 115 et 117, vol. 27 de ses Œuvres complètes), où Gœthe fait le portrait de Lotte et expose ses rapports avec les fiancés. « Elle est gracieuse et bien faite, » dit-il de Lotte, « et sa nature est pure et saine. » Il appelle ses relations avec Lotte et son futur « une véritable idylle allemande à laquelle ce pays fertile fournissait la prose et une inclination pure la poésie. » Tous les trois, dans une tendresse mutuelle et généreuse, s'étaient habitués l'un à l'autre, sans l'avoir voulu et sans savoir comment ils étaient parvenus à ne pouvoir plus se passer l'un de l'autre.

Bien que l'époque dont il parle ici fût passée déjà depuis longtemps, que maint souvenir de détails se fussent effacés et qu'il confondît souvent ce qui s'était passé avant avec des faits postérieurs, nous voyons son cœur rajeuni par l'amour se rappeler vivement, quand il dit avec le sentiment mélancolique de son impuissance à le reproduire suffisamment : « Le poëte appellerait maintenant à son secours les forces assombries de son âme et leur demanderait vainement de lui présenter ces douces relations qui ont tant embelli son séjour dans la vallée de la Lahn. » Il ajoute en se consolant : « Heureusement son bon génie en avait pris soin et l'avait poussé de bonne heure à fixer, durant l'âge de la jeunesse vigoureuse, ses souvenirs, à les peindre et à les exposer courageusement en public à l'heure favorable. Il n'est pas nécessaire de dire d'une manière plus précise que c'est le petit livre de *Werther* dont il est question ici. » (Page 114, vol. 22e des Œuvres complètes.) En parlant ensuite de la bien-aimée, il assure naïvement *« qu'en ce temps-là* tous ses jours lui semblaient être des jours de fête et qu'il aurait fallu imprimer en rouge le calendrier tout entier. »

Pendant que la passion de Gœthe se développait, l'admiration de ses amis augmentait pour celui qui tantôt leur apparaissait comme un géant près d'eux, tantôt partageait naïvement leurs occupations, et qu'ils voyaient sacrifier la plus grande partie de son être au respect de leur bonheur. Aussi la douleur qui courbait Gœthe devint une douleur commune pour les trois amis.

Mais Gœthe souffrait trop. Après avoir vainement lutté pendant quelque temps, il prit la pénible et belle résolution de retourner de Wetzlar à Francfort. Il partit le 11 septembre 1772. Trois documents datant de ce temps prouvent de la manière la plus vive combien ce départ affligea ses amis. Nous les mettons ici l'un à côté de l'autre avec un véritable plaisir.

Gœthe déposa l'expression de la douleur que lui causait cette séparation dans les billets qu'il laissa le 11 septembre 1772 aux deux fiancés et qui commencent la série des lettres de Gœthe. Il a élevé, comme nous allons voir, un monument durable à ce moment décisif de sa vie dans une des plus belles lettres du roman de *Werther*.

La page suivante du journal de Kestner nous fait voir la tristesse dans laquelle il laissa les deux fiancés et toute la maison du bailli.

10 septembre 1772.

« ... Docteur Gœthe a pris son repas à midi dans mon jardin; je ne savais pas que c'était pour la dernière fois... Docteur Gœthe est venu le soir dans la maison allemande. Lui, Lotte et moi, nous avons eu un remarquable entretien sur la vie à venir, sur le départ et le revenir, etc... Ce fut Lotte qui commença cet entretien. Nous convîmes que celui de nous qui mourrait le premier, devait, s'il le pouvait, donner aux survivants des nouvelles de l'autre vie. Gœthe devint tout triste, car il savait qu'il voulait partir le lendemain matin. »

11 septembre 1772.

« Gœthe est parti à sept heures du matin sans nous dire adieu. Il m'envoya un pli avec des livres. Il avait déjà dit depuis longtemps qu'il partirait subitement sans adieu, vers cette époque, pour Coblentz où l'intendant de guerre, M. Merk l'attendait. Ainsi, je m'attendais à cet événement. Cependant j'ai senti profondément que je n'y étais pas préparé. Je revins le matin des bureaux de la *Dictature*. « M. le docteur Gœthe, me dit-on, a envoyé cela à dix heures. » Je regardai les livres et le billet, pressentant le contenu de celui-ci. « Il est parti!... » et je m'affligeai beaucoup. Le petit Hans (Jean) vint bientôt après chez moi, pour s'informer s'il était en effet parti. La femme du conseiller intime Langen fit dire à ce sujet par une servante « que c'était bien grossier de la part du docteur Gœthe d'être parti sans prendre congé. » Lotte lui fit répondre : « Pourquoi elle n'avait pas mieux élevé son neveu? » Pour s'assurer, Lotte envoya une boîte qu'elle avait de Gœthe, dans la maison de celui-ci. Il n'y était plus. La femme du conseiller intime Langen a encore fait dire vers midi « qu'elle écrirait à la mère du docteur Gœthe pour lui faire connaître comment il s'était conduit. » Chacun des enfants, dans la maison allemande, dit : « Le docteur Gœthe est parti ! » A midi je causai avec M. de Born, qui l'avait accompagné à cheval jusqu'à Braunfels. Gœthe lui avait parlé de notre entretien d'hier au soir. Il était parti très-découragé. Je remis dans l'après-midi les billets de Gœthe à Lotte. Son départ l'avait attristée; elle pleura en lisant. Pourtant elle était contente de son départ, ne pouvant lui donner ce qu'il désirait. Nous ne parlâmes que de lui et je ne pouvais penser qu'à lui. Je défendis son départ que blâmait un esprit borné. Je le fis avec beaucoup de vivacité. Je lui écrivis ce qui s'était passé depuis son départ [1]. »

Ainsi, le 10 septembre fut le jour qui précéda cette remarquable séparation. Ouvrons *Werther* et nous y verrons que le 10 décembre est aussi la date de la lettre qui représente, à la fin du premier livre de ce roman, la veille de cette même séparation. Le journal de Kestner nous explique pourquoi chaque mot de cette lettre exprime la chaleur d'une amitié réelle et l'ardeur d'un amour fortement senti. C'était l'impression décisive que le poëte avait éprouvée, et

[1] Kestner alla voir Gœthe à Francfort peu de temps après. (Voir son journal, n° 10 des documents.)

qu'il lui tenait tellement à cœur de fixer pour toujours dans le tableau de son amour; aussi a-t-il respecté même la date de ce jour, le plus important de sa jeunesse.

Ce moment, à la fin du premier livre de *Werther*, est aussi celui où, dans le roman, la vérité et la fiction se séparent entièrement.

Gœthe emprunte, dans le deuxième livre, plusieurs faits à Jérusalem, particulièrement la catastrophe finale. La place de Lotte et de Kestner y est occupée par de nouveaux personnages aussi étrangers à ceux-ci que leurs aventures inventées. La réalité se borne à la correspondance avec les amis éloignés.

Nous devons ces lettres à la fuite de Gœthe, laquelle ce jour-là, le sépara d'eux pour toujours, à l'exception d'une courte visite [1]. Elles nous parlent comme des témoins de jeunesse du caractère et des sentiments que Gœthe, nous le voyons dans sa biographie, reconnaissait encore à peine en lui.

Nous voyons avec d'autant plus de plaisir sa biographie complétée par son propre témoignage, que nous trouvons le jeune homme regagnant ce que le vieillard, en décrivant la plus belle période de sa vie, qui d'ailleurs ne manque pas de détails brillants, a enlevé lui-même à sa gloire. Celui qui trouverait que, plus tard, en Gœthe l'homme du monde a fait tort au poëte et à l'homme, reconnaîtra dans nos communications les généreux éléments primitifs qui se sont répandus dans ses œuvres.

Les lettres suivantes sont complètes sauf quelques lacunes de la correspondance et quelques détails qui pour-

[1] Voyez le journal de Kestner, n° 19 des documents.

raient blesser des personnes vivantes. De nombreux amis qui ont vu les originaux peuvent attester que rien d'essentiel n'en a été supprimé et que tout ce que nous donnons est parfaitement conforme à la vérité. Pourtant quels que soient les signes nombreux d'originalité que puisse donner un livre imprimé, ce n'est qu'en voyant les originaux (des lettres) qu'on peut ressentir tout le charme que présentent ces reliques. Il semble que toute la variété des sentiments et impressions de Gœthe se reflète dans les traits élancés de son écriture, qui change souvent de caractère. Plusieurs lettres sont écrites sur une feuille quelconque, petite ou grande, mince ou grosse, telle que la main insouciante l'avait rencontrée sur sa table au milieu des brouillons de poëme ou d'articles de journaux ou d'enveloppes de lettres.

Malgré ce peu de soin pour la convenance extérieure, peu de ces feuilles manquent d'une certaine élégance de forme, qu'à son insu sa main leur donnait par une division harmonieuse des lignes et de l'espace. Quand il avait employé une feuille de papier à lettre, il mettait toujours beaucoup de soin pour l'enveloppe et le cachet. Il se servait le plus souvent de cire rouge. Son premier cachet portait la lettre G entrelacée selon le goût du temps; quelquefois c'était une cage entr'ouverte d'où s'envolait un oiseau. Après son voyage en Italie, il cachetait aussi avec des pierres gravées : une tête de Socrate, une Minerve, un lion, etc. Ses déviations de l'orthographe généralement employée sont frappantes. On les trouvera dans les lettres suivantes imprimées exactement d'après les originaux. Original même dans ses moindres actions ou « capricieux, » comme il le dit lui-même, il ne se souciait pas de faire ses mots et phrases comme les autres.

Il employait avec la même insouciance de la grammaire les locutions de la vie commune. Plusieurs de ses constructions et de ses particularités d'orthographe ne sont devenues que plus tard la règle générale. Nous le voyons dans la suite se conformer peu à peu à l'usage commun.

Cette naïve indépendance, où l'humeur changeante du moment changeait souvent d'expressions et de termes, a produit aussi la diversité des formules mêmes qu'il employait dans ses lettres à Kestner. Tantôt il le tutoie, tantôt il lui dit *vous*, et dans le style du temps il désigne Hans, le frère cadet de Lotte, par *lui* (*Er*). Kestner trouvait aussi parfaitement naturel que Gœthe, dans les quelques lettres adressées à Lotte, se soit permis une liberté que Kestner lui-même, selon les idées de ce temps, ne pouvait pas prendre, savoir, de la tutoyer quelquefois. Il ne s'étonnait pas non plus de ce que cet homme extraordinaire, étrange et hardi en tout ce qu'il faisait et disait, le favori de tous, ne prononçât pas avec la formule la plus absurde du respect conventionnel de la société un nom qui était pour lui un poëme, et dont la prononciation avec un accent naturel était pour lui la seule compensation d'une privation ineffable.

Tout le monde, d'ailleurs, sait que le papier ne rougit pas et n'éprouve pas d'embarras.

Kestner, respectant la douleur de son ami, se livrait avec zèle, malgré ses nombreux travaux, à une correspondance suivie avec celui-ci; et Lotte, qui n'avait pas le temps d'écrire, lui envoyait par l'intermédiaire de Kestner les souvenirs qu'il réclamait. Pourtant, ces communications ne suffisaient pas à l'absent. Il voulait s'assurer à chaque instant de la continuation de ses relations avec cette famille. La parfaite entente avec tous les membres de la famille était si nécessaire à sa tranquillité, qu'il éprouvait du chagrin à l'idée que Sophie, la sœur cadette de Lotte, un enfant, ne lui avait pas encore pardonné un petit malentendu, un véritable enfantillage. (N° 16.)

Presque toutes ces lettres manqueraient de date, si Kestner, homme positif, n'y avait pas le plus souvent marqué le jour de leur arrivée. Nous avons rangé les lettres sans date, particulièrement celles à Hans, d'après la chronologie probable. La noble franchise de la passion toujours croissante de l'auteur nous donnait la mesure la plus certaine. Nous le voyons d'abord se méconnaissant lui-même, errer sans repos d'un endroit à un autre, de sorte qu'il put remercier ses amis à Friedberg pour l'avoir bien reçu, lui, « le malheureux; » nous voyons ensuite que la carrière littéraire et la critique ne l'occupaient pas suffisamment et qu'il demande à des amies de le charger de petites commissions, qui le distrairont de la pensée qui sans cesse le tyrannise, de son idée fixe, et qu'il entre sur ce sujet dans des détails minutieux; nous voyons la plaisanterie, qui, dans les âmes supérieures, est toujours voisine du dépit et du désespoir, jeter un rayon de soleil dans ses plus sombres tristesses; nous le voyons « avide d'amour, » comme il dit, à la recherche d'une distraction, d'un rêve qui pourrait remplacer celui qui l'avait trompé, l'illusion antérieure : cherchant, pour se reposer, parmi les jeunes filles de sa connaissance, des ressemblances avec celle de laquelle il doit se passer. Enfin, sa vigoureuse nature produit de ses propres ressources le remède approprié à sa maladie ; son génie s'opposait à ce que cette passion dangereuse à son existence exerçât une influence pernicieuse. Son intérieur était sans cesse agité par de nouvelles créations de son esprit, jusqu'à ce que son grand poëme le dé- délivrât entièrement de son beau fardeau.

C'est d'après cette marche générale et selon nous nécessaire de sa passion, que nous avons rangé les lettres.

Nous rencontrons dans les lettres écrites vers l'an 1773 un dépit qui s'accroît de nouveau, de sorte qu'il se reproche « de gaspiller son temps. » Pourtant il avait déjà écrit *Gœtz de Berlichingen* et il méditait alors *Werther!*

Cependant le mariage des amis approchait et par suite leur départ pour un pays lointain : dernière crise de cette importante époque de sa vie. Plus irritable que jamais, il croit découvrir pour la première fois de la jalousie dans une lettre de Kestner ; il répond avec une colère qui pourrait interrompre pendant un instant les belles impressions de nos lettres, si les preuves d'une loyauté mutuelle, provoquées par de tels incidents, ne nous rassuraient pas de suite. La lettre (n° 68), ce cri de colère, suffit seule, malgré quelques mots piquants, à nous démontrer les relations de Gœthe avec les fiancés et ses véritables sentiments encore transparents à travers son dépit qu'excusent les circonstances. Lui qui, au reproche que lui adresse amèrement le jeune mari, d'avoir, après les noces, déserté l'amitié, lui annonce, au milieu de l'explosion de sa colère, qu'il a reçu, par l'intermédiaire d'Annette, amie de Lotte, le bouquet de mariage de celle-ci et qu'il s'en est paré. Profondément affligé par cette solution, il porte à son chapeau le gage de sa perte et en même temps le symbole d'une vertu héroïque ; il explique cet acte par ces paroles encore plus nobles : « J'apprends que Lotte est plus belle, plus aimable et meilleure qu'auparavant. » Ainsi l'amitié la plus pure le remplit tellement, que la joie qu'il éprouve au sujet des belles qualités de Lotte lui fait oublier sa douleur; ses regards se réjouissent sans amertume de la valeur de celle-ci, dans le moment même où il est sûr de l'avoir perdue. Kestner, touché de cette générosité, se hâta d'écrire deux lettres pour calmer les blessures de l'ami irrité. Ces amis ne pouvaient se passer de leur bienveillance réciproque, et la réponse de Goethe nous apprend que le malentendu n'a duré que six jours.

Deux autres explosions de sa colère (n°ˢ 59 et 67), environ vers ce même temps, furent plus aimables. D'abord il s'afflige de ce que les fiancés ont chargé un autre de l'achat des bagues d'alliance, et une autre fois parce que les nouveaux mariés n'acceptaient pas son invitation de venir à Francfort. Il se crut la force nécessaire pour voir avec calme le bonheur amèrement regretté de son ami, tandis que celui-ci ne voulut pas d'un triomphe qui aurait trop coûté à Goethe.

Le mariage fut célébré le jour de la fête des Rameaux de l'année 1773.

Les lettres postérieures au n° 76, sont adressées à M. Kestner, à Hanovre. Les dernières lignes de la lettre n° 76 semblent confirmer l'expérience psychologique, que l'imagination ne reproduit que des détails isolés de l'absent le plus cher, tandis qu'elle nous ramène libéralement le portrait entier de personnes moins aimées ou indifférentes à notre cœur.

Un an après cette période, il y eut un malentendu plus sérieux à cause de *Werther*. C'est le sujet de plusieurs lettres. Un hasard étrange a voulu que Kestner, qui était contrarié de se voir placé, lui et Lotte, au moins selon l'apparence, dans ce poëme, a dû participer sans s'en douter à la rédaction de ce roman. Jérusalem, pendant une de ses rares visites faites à Kestner, avait vu une paire de pistolets suspendus au mur et il les avait empruntés pour se tuer. Kestner, doublement effrayé par ce malheur, courut aussitôt que le bruit de ce suicide se répandit dans la ville, à la maison de Jérusalem, où il fut témoin des dernières souffrances de ce malheureux. C'est ce qui lui donna l'idée de recueillir tous les faits concernant celui-ci et d'en envoyer une relation à Gœthe. Or, les amis avaient pris l'habitude de se communiquer mutuellement, dans une correspondance continue, les événements du jour. L'original du billet de Jérusalem, copié presque littéralement dans *Werther*, existe encore tel qu'il est reproduit au n° 28 de nos documents. Il est déchiré en deux ; ce qui est indiqué dans la copie par une ligne [1]. Il fut probablement jeté au milieu d'autres papiers inutiles, mais étant devenu remarquable après l'affreux événement, il en fut retiré. L'original de « la relation de Kestner sur la mort de Jérusalem » (n° 28), envoyé à Gœthe, demeurant à Francfort, vers la fin de novembre 1772 et renvoyé par celui-ci dans la lettre n° 47, vers le 20 janvier 1773, est aussi conservé. Par conséquent, Gœthe se trompe lorsqu'en reportant ses souvenirs sur cette époque de sa vie [2], il croit n'avoir reçu cette relation que plus tard, après avoir quitté les amis. Aussi ses idées de suicide se trouvent seulement dans les lettres an-

[1] L'édition allemande en contient le *fac-simile*.
[2] *Vérité et Poésie*, page 168, vol. 22°, Œuvres complètes.

térieures à cette période et non pas dans celles écrites dans le temps de la publication de *Werther*.

Après avoir reconnu, à l'aide de nos documents, de combien Lotte, Kestner et Gœthe sont supérieurs aux personnages de *Werther*, le rapport de l'homme au poète frappe nos yeux. Les relations de Gœthe avec Lotte et Kestner lui ont fourni l'occasion de montrer sa haute valeur individuelle.

Car, qu'une jeune fille du naturel le plus heureux et bien élevée conserve, pendant des années, à un homme digne de sa confiance toute sa fidélité; que cet homme, d'un caractère ouvert, place une confiance illimitée dans la sincérité de sa fiancée et d'un ami de l'attachement duquel il est sûr, tout cela est la chose la plus ordinaire en le comparant à un amour si grand, si puissant et si beau qu'il lui donne la force de s'imposer la résignation la plus loyale et la plus héroïque, et transforme l'amant au désespoir en le plus dévoué des amis. Ce beau phénomène est étranger au roman. Le monde entier a décidé que ce poëme est le plus beau dans son genre. Mais nous voyons que la réalité a été plus belle que la poésie, et Gœthe a dû, à cause de l'invraisemblance des véritables faits, en inventer d'autres, pour donner au poëme le cachet de la réalité.

De quelle manière mystérieuse ne se confondent pas parfois les limites du bien et du beau! Le poète a dû descendre des hauteurs de la morale pour atteindre les sommets de la poésie où il a trouvé la gloire. Le sujet de son amour fut glorifié dans son poëme, par cette idée qu'il est impossible de vivre sans posséder celle que nous aimons.

Mais lui-même, il fut trop grand pour se perdre dans le désespoir. La scène effrénée qui a poussé Werther au suicide n'a pu être tirée du caractère de Gœthe. C'est pour cela qu'il lui a fallu emprunter à un homme moins énergique que lui les détails de la solution dans le roman. Les faits lui avaient été fournis par la relation de Kestner sur la mort de Jérusalem. Quelques passages de cette relation se trouvent mot à mot dans *Werther*. De même que le roman a abaissé Gœthe, il lui a fallu aussi abaisser les personnages inventés de Lotte et du mari de celle-ci. Le motif du suicide aurait manqué si la Lotte de *Werther* n'avait commis, dans la scène qui représente la crise du roman, une faute contre Albert, faute après laquelle elle renvoya Werther. Et la fin tragique du héros aurait fait couler moins de larmes, si le sort moins cruel avait condamné Werther en faveur d'un rival plus digne qu'Albert.

Le chagrin des nouveaux mariés, encore riches de frais souvenirs du temps passé avec Gœthe, dut être grand, lorsqu'ils virent ces relations profanées par ce même ami, pour y puiser les éléments d'un roman, qui pouvait provoquer des interprétations fâcheuses et les compromettre personnellement. Kestner dut se sentir blessé par la caricature d'Albert, et croire sa femme insultée par la Lotte du poëme, car l'amour de Gœthe pour elle était connu. Aussi, écrivit-il à Gœthe, après avoir reçu le livre, une lettre pleine de reproches, dont un fragment trouvé dans les papiers de celui-ci est ajouté à nos documents (n° 106).

Gœthe, l'ami, ne méconnut pas la gravité de ces reproches. Il avait publiquement glorifié une femme nommée Lotte. Il l'avait peinte dans un poëme où la réalité et la fiction se confondent, et qui porte dans toutes ses parties, inventées ou réelles, les vives couleurs d'une lutte réelle entre le désir et la résignation. Convaincu de sa faute, il ne put répondre à ces reproches que par des prières touchantes (voir les n°ˢ 107 et 109), implorant son pardon. Et pourtant enivré par la gloire qui le surprenait, car l'Allemagne entière se trouvait déjà pleine d'une admiration passionnée pour *Werther*, il redisait à l'ami le concert de louanges qui retentissaient de tous les côtés en son honneur.

La lettre n° 107 tâche de calmer le cœur des amis : « Mes bien-aimés, quand le dépit vous prend, pensez donc que l'ancien ami, votre Gœthe, se renouvellant sans cesse, est maintenant plus que jamais le vôtre. » Confiant en leur intérêt à son triomphe, il veut les consoler dans la lettre n° 109, où il est écrit : « Si vous pouviez sentir la millième partie de ce qu'est *Werther* à mille cœurs, vous ne regretteriez pas votre participation à sa composition. » Il adresse particulièrement à Kestner ces paroles de consolation : « Si je vis encore, c'est à toi que je le dois, par conséquent tu n'es pas Albert, donc... » Il promit dans cette même lettre, pour calmer les amis, d'effacer dans un an, « de la manière la plus aimable et la plus tendre, tout ce qui pouvait être faussement interprété par le public. Mais il n'a pas rempli entièrement cette promesse, faite dans un premier mouvement ; sauf quelques changements dans les éditions suivantes de *Werther*. Les deux amis, d'après les documents n°ˢ 121 et 122, revinrent plus tard sur ce sujet. Mais des changements essentiels paraissaient impossibles, à mesure que le poëme, saisissant tous les esprits, était devenu la propriété d'abord de la nation allemande, ensuite des autres nations. Chaque pensée de ce roman était dorénavant une propriété publique, que l'auteur lui-même ne pouvait plus reprendre. Kestner doit l'avoir reconnu et s'être rassuré d'autant plus, que le secret du roman fut bientôt suffisamment éclairci dans le vaste cercle de ses amis et connaissances, et que son caractère et celui de sa femme les protégeaient contre toute interprétation erronée.

La belle intimité des amis en général et particulièrement la position pleine de dignité et de bienveillance de Kestner vis-à-vis de Gœthe, se sont révélées d'une manière frappante, par la solution du malentendu produit par la faute de Gœthe. Son indiscrétion aurait été impardonnable s'il en avait pu prévoir la gravité et les effets sur les amis. Mais il ignorait complétement les exigences mesquines de la vie ordinaire et les égards dus aux amis. Loin de s'en inquiéter, il supposa avec la plus grande naïveté — dans les lettres nos 97-100, qui contiennent des indications plus ou moins obscures de la publication prochaine, et dans les nos 104 et 105, qui accompagnèrent les exemplaires du roman — que ses correspondants en seraient également enchantés. La lettre n° 98 seule fait mention de la possibilité de les avoir heurtés et il les met en garde en plaisantant. Kestner, profondément chagriné et inquiet d'abord à cause d'un préjudice possible pour lui et sa femme, blâme Gœthe avec une franchise énergique, mais sans amertume (n° 106). Ses lettres intimes à M. de Hennings (nos 108 et 109), permettent de voir le fond de son cœur, et prouvent la douceur et l'indulgence avec lesquelles il jugeait, excusait et pardonnait dans son intérieur la conduite du poëte. Ces lettres, qui renferment en même temps d'intéressants renseignements sur les rapports des époux avec Gœthe et son roman, n'ont pas besoin de commentaires.

C'est ainsi que dès l'origine le malentendu fut expliqué, sans interrompre la bienveillance mutuelle. La correspondance accoutumée entre Gœthe et Kestner continua jusqu'à la mort de celui-ci, le 24 mai 1800. La dernière lettre conservée de Gœthe à Kestner, n° 137, porte la date du 16 juillet 1798. Il est probable que quelques autres lettres ont été égarées par suite de l'infirmité de Kestner, durant les dernières années de sa vie. Cet état précaire de sa santé et les nombreuses affaires de sa fonction restreignaient, dans les dernières années, la correspondance de Kestner; et Gœthe le lui reprocha amicalement dans diverses lettres.

Nous aurions désiré ajouter à nos communications les lettres de Kestner à Gœthe, citées dans plusieurs lettres de celui-ci. Mais feu M. de Muller, conseiller intime à Weimar, exécuteur testamentaire de Gœthe, ne les a pas retrouvées, probablement parce que Gœthe les avait détruites avec une quantité d'autres correspondances de vieille date. Mais il a eu la complaisance de nous communiquer la copie d'une lettre que Lotte avait écrite à Gœthe, de Wetzlar, où elle s'était retirée en 1803 pour quelque temps, par suite de l'occupation française du Hanovre; en outre, la copie de plusieurs lettres écrites par elle à Gœthe, durant sa visite chez sa sœur à Weimar, en l'an 1816. Ces lettres et quelques-unes de Gœthe à Lotte et à un fils de celle-ci, ne rentrent pas dans le cadre de nos communications. Nous croyons devoir citer les lignes suivantes d'une lettre de Gœthe, sous la date du 23 novembre 1803, parce qu'elles expriment des souvenirs de sa jeunesse en des termes pareils à ceux qui se trouvent dans *Vérité et Poésie*. Les voici :

« J'aime à me remettre à côté de vous, près de la belle rivière de la Lahn, et je regrette en même temps qu'une dure nécessité vous y ramène. Heureusement votre lettre, qui manifeste de nouveau et vivement votre esprit actif, me console. »

LETTRES DE GŒTHE

ET

DOCUMENTS JUSTIFICATIFS.

LETTRES DE GŒTHE.

1.

FRAGMENT

D'UN BROUILLON DE LETTRE, DANS LES PAPIERS DE KESTNER,

Écrit au commencement de sa connaissance avec Gœthe.

Au printemps est arrivé ici de Francfort un certain *Gœthe*, docteur *juris* de son état, âgé de vingt-trois ans, fils unique d'un père riche; il vient pour se perfectionner ici *in praxi*—tel est du moins le dessein de son père,—mais son goût le porte à étudier Homère, Pindare, etc., etc., et tels autres sujets que son génie, sa manière de penser et son cœur lui inspireront.

Dès le commencement, les beaux esprits d'ici l'ont annoncé comme un de leurs confrères et collaborateurs à la *Nouvelle Gazette littéraire* et, en passant, comme philosophe. Ils se donnent beaucoup de peine pour se lier avec lui.

N'appartenant pas à cette classe de gens, ou plutôt n'ayant rien qui me rapprochât d'eux, je ne fis la connaissance de

Gœthe que plus tard et tout à fait par hasard. Un de nos principaux beaux-esprits, Gotter, secrétaire de légation, me détermina un jour à aller avec lui au village de Garbenheim, notre promenade ordinaire. Là, je trouvai Gœthe couché sur le dos dans l'herbe, sous un arbre, s'entretenant avec quelques autres : un philosophe épicuréen (de Goué, grand génie), un philosophe stoïcien (de Kielmansegge) et un entre eux deux (D[r] Kœnig). Plus tard il s'est réjoui que j'aie fait sa connaissance dans une telle position. On parla de maintes choses, en partie très-intéressantes. Pour cette fois je ne portai sur lui d'autre jugement, sinon que ce n'était pas un homme sans valeur. Vous savez que je ne juge pas à la hâte. Je trouvai déjà qu'il avait du génie et une vive imagination, mais cela ne me suffisait pas encore pour l'estimer excessivement.

Avant d'aller plus loin je dois essayer de le peindre, parce que je l'ai bien connu plus tard.

Il a beaucoup de talent, il est un vrai génie et un homme de caractère; il a une imagination extrêmement vive, c'est pourquoi il s'exprime fréquemment en images et comparaisons. Il a aussi l'habitude de dire lui-même qu'il s'exprime toujours improprement, qu'il ne pourrait faire autrement, mais il espère en avançant en âge pouvoir penser et exprimer ses pensées mêmes et telles qu'elles sont.

Il est ardent dans toutes ses affections, il a pourtant beaucoup de pouvoir sur lui. Sa manière de penser est noble, libre de préjugés; il agit suivant ses idées sans se soucier si cela plaît aux autres, si c'est la mode, si les bonnes manières le permettent. Toute contrainte lui est odieuse.

Il aime les enfants et peut s'en occuper beaucoup. Il est bizarre et il y a dans sa manière d'être, dans son extérieur, quelque chose qui pourrait le rendre désagréable. Mais auprès des enfants, auprès des femmes et beaucoup d'autres il est bien vu.

Il a beaucoup de considération pour les femmes.

Il n'est pas encore solide *in principiis* et il tend encore vers un certain système.

Par exemple, il fait grand cas de Rousseau, il n'en est cependant pas un adorateur aveugle.

Il n'est pas ce qu'on appelle orthodoxe, mais ce n'est pas par orgueil ou caprice, ou pour se donner des airs. Il ne s'ouvre sur certaines matières principales qu'avec peu de personnes, et ne dérange pas volontiers les autres dans leurs tranquilles idées.

Il hait, il est vrai, *scepticismum*; il tend vers la vérité et aspire à déterminer certaines matières principales, mais il croit déjà avoir sondé les plus importantes; pourtant, d'après ce que j'ai pu voir, il n'en est pas encore aussi sûr. Il ne va pas à l'église, à la communion non plus, aussi ne prie-t-il que rarement; car, pour cela, dit-il, je ne suis pas assez menteur.

Quelquefois, il est calme sur certains sujets; mais quelquefois, il n'est rien moins que cela.

Il a une grande estime pour la religion chrétienne, mais point dans la forme dans laquelle nos théologiens la représentent.

Il *croit* à une vie future, à un état meilleur.

Il cherche la vérité, cependant il s'attache plutôt à la sentir qu'à la démontrer.

Il a déjà beaucoup fait et il possède beaucoup de connaissances, beaucoup de lecture, mais il a encore pensé et raisonné davantage. Son principal but sont les arts et belles-lettres, ou plutôt toutes les sciences, à l'exception de celles par lesquelles on gagne son existence.

Kestner ajoute encore à la marge de ce brouillon rapidement fait.

« J'avais l'intention de le peindre, mais cela deviendrait trop long, car on peut beaucoup dire de lui. En un mot c'est un *homme très-remarquable.* » Et plus bas il ajoute :

« Je ne finirais jamais si je voulais le peindre entièrement. »

2.

FRAGMENT

D'UN BROUILLON DE LETTRE DES PAPIERS DE KESTNER.

Commencement de la connaissance de Gœthe avec Lotte.

Le 9 juin 1772, il arriva que Gœthe se trouva à un bal champêtre où mon amie était avec moi. Je ne pus y aller que plus tard et je m'y rendis à cheval. Mon amie y alla donc avec d'autres personnes, le docteur Gœthe était dans la même voiture et fit ici la première connaissance de Lotte. C'est un homme très-instruit, et la nature prise sous le point de vue physique et moral est le sujet principal de ses réflexions; et il a étudié la véritable beauté de ces deux côtés. Aucune femme ici ne l'avait encore satisfait; Lotte attira de suite toute son attention. Elle est encore jeune, et quoique n'étant pas d'une beauté régulière (je m'exprime ici suivant l'usage et je sais bien que la beauté n'a pas de règles fixes) elle a des traits avantageux et qui séduisent, son regard est comme une claire matinée de printemps, principalement pendant le jour, quand elle est animée par la danse; elle était gaie et n'avait fait aucuns frais de toilette. Il aperçut chez elle le sentiment du beau de la nature et un esprit naturel, plus de gaieté que d'esprit.

Il ne savait pas qu'elle n'était plus libre; je vins quelques heures plus tard; et ce n'est jamais notre habitude de montrer dans des endroits publics autre chose que de l'amitié l'un pour l'autre. Il était ce jour-là excessivement gai; cela lui arrive quelquefois; en d'autres moments il est mélancolique. Lotte le conquit entièrement, d'autant plus qu'elle ne s'en donna aucune peine, mais qu'elle se laissa aller au plaisir. Le lendemain il ne pouvait pas manquer que Gœthe ne s'informât de la santé de Lotte après le bal. S'il avait connu d'abord en elle une jeune fille gaie qui aime la danse et le plaisir, il la connut alors d'un côté où est sa force, c'est-à-dire du côté domestique.

3.

GŒTHE A KESTNER.

Wetzlar, le 8 août 72.

Demain après 5 heures je vous attends; aujourd'hui — vous pourriez le deviner et vous devriez déjà me connaître assez — aujourd'hui j'étais à Atspach. Et demain nous irons ensemble et j'espère trouver des visages plus agréables. En attendant j'étais là; j'ai à vous dire que Lotte s'est grandement réjouie ce soir dans la vallée éclairée par la lune et qu'elle vous souhaitera une bonne nuit. J'avais l'intention de vous dire cela en personne, j'étais près de votre maison, il n'y avait pas de lumière dans votre chambre, je ne voulais pas faire de bruit. Demain matin nous prendrons le café sous l'arbre à Garbenheim où j'ai soupé ce soir au clair de la lune. J'étais seul — pourtant pas seul. Dormez bien. La matinée sera belle.

4.

GŒTHE A KESTNER.

Du 6 septembre 72.

J'ai murmuré hier pendant tout l'après-midi de ce que Lotte n'est pas allée à Atspach et j'ai continué à murmurer ce matin. La matinée est si belle et mon âme est si calme que je ne puis rester en ville, je vais aller à Garbenheim. Lotte disait hier qu'elle avait l'intention de faire aujourd'hui une promenade plus longue qu'à l'ordinaire. Non pas que je vous attende là-bas — mais je le désire de tout mon cœur et j'espère — un peu moins il est vrai, mais justement autant que mon espoir balance à peu près l'incertitude du désir. Je passerai donc ma journée dans l'incertitude, et j'espérerai et j'espérerai. Et si je dois rentrer seul au soir — vous savez ce qui convient à un sage — et combien je suis sage.

5.

GŒTHE A KESTNER.

Du 10 septembre 1772.

Il est parti! Kestner. Lorsque vous recevrez ce mot il sera parti. Donnez à Lotte les lignes ci-jointes. J'étais très-raffermi, mais votre conversation m'a ôté toute ma force d'âme. Dans ce moment je ne puis vous dire qu'un adieu. Si j'étais resté un instant de plus chez vous je n'y aurais pas tenu. Maintenant je suis seul et je partirai demain. Oh! ma pauvre tête!

6.

GOETHE A LOTTE.

(Incluse dans la lettre précédente.)

J'espère bien revenir, mais Dieu sait quand. Oh! Lotte, que mon cœur était oppressé lorsque tu parlais, car je savais que c'était la dernière fois que je vous voyais. Non pas la dernière fois, et pourtant je pars demain. Il est parti! Quel esprit vous portait à parler ainsi que vous le fîtes? Comme je pouvais dire tout ce que je sentais : je ne pensais qu'à ma vie ici-bas, qu'à la main que je baisais pour la dernière fois; la chambre dans laquelle je ne retournerai plus et à votre cher père qui m'accompagna pour la dernière fois. Je suis maintenant seul et je puis pleurer, je vous laisse tous heureux et vous ne m'oublierez pas. Et je vous reverrai ; mais pour moi, quand ce n'est pas demain c'est comme si cela ne devait jamais être. Dites à mes chers garçons (petits frères de Lotte) que je suis parti. Je ne veux plus continuer.

Dans l'édition allemande se trouve un *fac-simile* de cette lettre.

7.

GŒTHE A LOTTE.

(Incluse dans la précédente.)

11 septembre 1772.

Lotte, les paquets sont faits, le jour commence à paraître, encore un quart d'heure et je serai parti. Ayant oublié de partager entre les enfants les images, je prends ce prétexte pour vous écrire et vous prier de le faire pour moi : car je n'ai rien à vous écrire. Vous savez tout, vous savez combien j'étais heureux tous ces jours-ci, et je pars; je vais auprès des personnes les meilleures et qui me sont les plus chères; mais pourquoi m'éloignai-je de vous? C'est ainsi! c'est mon sort de ne pouvoir ajouter un demain et un après-demain à ce jour, ce que j'ai fait bien souvent en riant. Soyez toujours de bonne humeur, chère Lotte, vous êtes plus heureuse que cent autres; ne soyez pas indifférente, et moi, chère Lotte, je suis heureux de pouvoir lire dans vos yeux la confiance que je ne changerai jamais.

Adieu, mille fois adieu!

GŒTHE.

8.

GOETHE A KESTNER.

De Francfort.

Dieu vous bénisse pour toutes vos bontés et mille joies pour votre souvenir. Mes compliments aux chères filles.

«Je rencontrai hier Schweizer et me moquai de sa vie à Wetzlar. « Avec qui avez-vous donc vécu, me dit-il? — Avec la maison allemande, répliquai-je. — Mais pas avec les Brandt, dit-il? — Certainement, lui dis-je. Et pourquoi donc pas? — Vous connaissez donc aussi le bailli? — Certes. — Lotte est une personne agréable. — Assez, lui dis-je, etc. »

Cela m'a consolé et m'était cher. Pourvu que je puisse entendre parler d'elle, dût-on dire même le contraire de ce que j'en pense.

Je n'ai pas de connaissances à Coblentz. Et vous savez comment les choses vont de ce côté-ci.

9.

GŒTHE A KESTNER.

« Dieu vous bénisse, cher Kestner, dites à Lotte que je m'imagine quelquefois pouvoir l'oublier, mais qu'alors une récidive me tombe sur la tête et les choses sont pires que jamais. »

40.

DU JOURNAL DE KESTNER.

En 1772, le 21 septembre j'accompagnai avec M. de Born, MM. de Hardenberg [1] et Freytag à Francfort.

Le 22... à 4 heures, j'allai chez Schlosser; Gœthe et Merck y étaient.

Ce fut pour moi une grande joie; il me prit dans ses bras et m'embrassa à m'étouffer presque... Nous allâmes au Rœmer où nous trouvâmes madame Merck avec mademoiselle Gœthe. Nous fîmes une promenade hors la porte. Tout à coup nous rencontrâmes une dame. En voyant Gœthe elle rayonna de joie; elle se précipita dans ses bras. Ils s'embrassèrent cordialement; c'était la sœur d'Antoinette. Le temps se passa en promenades et en causeries, ni madame Merck, ni Merck, ni Gœthe n'y faisaient attention. Nous allâmes à la maison de Gœthe où sa mère nous reçut, son fils m'ayant présenté à elle. Le père étant venu bientôt après, je lui fus présenté également et je causai avec lui. Les dames s'éloignèrent pour changer de toilette. Merck proposa d'aller entendre mademoiselle Gœthe qui était au premier à son piano. Elle

[1] Conseiller à Hanovre, plus tard prince de Hardenberg et chancelier d'État du roi de Prusse Frédéric-Guillaume III.

joue admirablement; elle a une exécution extraordinaire. Après une pause elle me pria d'amener ici Lotte et elle me dit qu'elle l'aimait déjà beaucoup quoique loin d'elle. — A huit heures le conseiller Schlosser et moi nous partîmes. »

1772. Le 23 au matin, Hardenberg vint me voir et j'allai chez lui. A neuf heures, je fus chez le docteur Schlosser. Nous allâmes chez Gœthé. Je visitai la maison. Nous allâmes avec Merck à la bibliothèque de la ville; vers midi au Rœmer. Je dînai chez le docteur Dietz. A trois heures de l'après-midi je fus chez Gœthe, nous allâmes à la foire et chez Antoinette, la fille du négociant Gerock. Je rentrai, je pris Schlosser au théâtre où se trouvaient aussi Gœthe, sa sœur et Mme Merck. Après avoir soupé chez Gœthe, je rentrai à onze heures.

Kestner retourna, le 24 septembre, à Wetzlar.

11.

GŒTHE A KESTNER.

Francfort, vendredi le 25 septembre 72.

Lotte n'a pas rêvé de moi. J'en suis très-fâché et je veux qu'elle rêve de moi cette nuit, cette nuit même, et elle ne doit pas vous le dire. J'ai été fâché de ce passage en le relisant dans votre lettre. Ne pas même rêver de moi, honneur que nous accordons aux choses les plus indifférentes qui nous entourent pendant la journée! Et moi donc, n'ai-je pas été auprès d'elle corps et âme et n'ai-je pas rêvé d'elle jour et nuit?

Par Dieu! je suis fou lorsque j'ai l'air de l'homme le plus raisonnable, et mon génie qui me conduisait à Wolpertshausen [1] est un mauvais génie... Non, c'était un bon génie, je n'aurais pas voulu passer mes jours à Wetzlar autrement que je ne l'ai fait; et pourtant les dieux ne m'accordent plus de tels jours, ils savent me punir et me tantaliser. — Bonne nuit. Je viens de la souhaiter à la silhouette de Lotte.

Samedi, après dîner.

C'était autrefois le temps que j'allais chez elle, c'était

---

[1] Ce fut à un bal à Wolpertshausen que Gœthe fit la connaissance de Lotte. (Voir n° 2.)

l'heure où je la rencontrais, et maintenant j'ai tout le temps de lui écrire. Si vous voyiez seulement combien je travaille. Quitter tout d'un coup tout cela, tout ce qui avait fait mon bonheur pendant quatre mois!

Je ne crains pas que vous m'oubliiez et cependant je cherche à vous revoir. Que les choses aillent ici comme elles peuvent, je ne veux revoir Lotte que lorsque je pourrai lui faire la confidence que je suis amoureux, très-sérieusement amoureux.

Comment vont mes chers garçons? que fait Ernest? Il vaudrait mieux ne pas vous écrire, et laisser mon imagination en repos ; mais la silhouette de Lotte est suspendue là devant moi! C'est pis que tout. Adieu.

12.

GOETHE A KESTNER.

Reçu à Wetzlar le 4 octobre 72.

Je l'ai dit : si l'étoffe plaît à Lotte autant qu'elle lui va bien, notre goût sera loué. Je ne l'envoie pas encore, car j'ai quelque objection contre la nuance bleue ; elle est trop dure, cela ne lui va pas. Ou du vert, tel que je le joins, ou paille ; — cette dernière couleur me serait la plus chère, car j'ai prophétisé que Lotte aimera un jour le jaune comme elle aime maintenant le rouge ; — il me serait donc agréable de le voir adopté. Écrivez-moi la résolution. Mais pas de bleu. Si, au milieu de ses tendres larmes d'adieu, elle peut aussi penser à moi, dites-lui que je suis encore cent fois auprès d'elle. Nous avons souvent parlé de Dorothée Brandt. Mme Merck a aussi dû en entendre parler. Venez bientôt à Friedberg, ou j'irai à Wetzlar. Mille choses à la belle aux yeux noirs. Du reste, Wetzlar est pour moi comme une ville morte. Mille compliments à mes chers garçons. Beaucoup de chance à Hans (Jean), et à Ernest un prompt rétablissement. Rappelez-moi au souvenir de M. le bailli.

GOETHE.

13.

GŒTHE A KESTNER.

Reçu à Wetzlar le 7 octobre 72.

Francfort, mardi le 6 octobre 72.

L'étoffe et la *Gazette littéraire* partent demain matin, ainsi que les images pour les garçons, afin que chacun ait sa part. Les querelles parmi nos prêtres augmentent tous les jours. Ils se prostituent de plus en plus, et nous y renchérissons. Je voudrais bien être encore assis aux pieds de Lotte et voir les garçons grimper sur moi. Comment va la maison allemande ? la paix et la concorde y règnent-elles encore ? Dorothée vit-elle toujours comme autrefois ? Si j'étais maintenant à Wetzlar, j'aurais quelque chose à confier à Lotte dont vous ne devriez rien savoir. Adieu, cher Kestner, bien des choses à Dorothée et au bon Kielmannsegge. Est-il vrai que vous resterez encore cent ans à Wetzlar ? On dit dans le public que les *Inspecteurs* se réuniront bientôt; qu'ils termineront les *suspensa*, que la seconde classe entrerait et que Hanovre reste ! — Ce n'est pas pour l'Empire que je m'en soucie. Donnez les 4 florins à Born pour la *Gazette*; il doit la garder jusqu'à nouvel ordre.

GŒTHE.

14.

GOETHE A LOTTE.

Reçu à Wetzlar le 9 octobre 72.

Mille grâces à votre bon génie, Lotte d'or, qui vous poussa à me faire une joie inattendue. Fût-il aussi noir que le Destin, grâces lui soient rendues ! Aujourd'hui, avant de me mettre à table, j'ai salué cordialement votre portrait; et à table, — je m'étonnai de cette lettre bizarre, je la décachetai et la mis sur moi. Oh! chère Lotte, comme tout est changé depuis que je vous vis pour la première fois ! Ce ruban porte encore la couleur de la fleur naissante, mais il me paraît plus fané que dans la voiture, et c'est naturel. — Merci à votre cœur, que vous puissiez me faire encore un tel cadeau. Aussi j'allais me jeter dans les cavernes les plus sombres de mon chagrin. — Non, Lotte, vous me restez; que pour cela le Riche au ciel vous donne ses plus beaux fruits, et que celui à qui il les refuse sur cette terre, en trouve au paradis, là-haut, où de frais ruisseaux coulent entre des palmiers et où des fruits sont suspendus au-dessus comme de l'or; — cependant je voudrais être pour une heure auprès de vous.

Encore quelque chose avant de me coucher: nos deux amoureux [1] sont au comble du bonheur; ils se contentent avec des conditions très-équitables, et tout dépend maintenant de circonstances secondaires. Encore une fois, chère Lotte, bonne nuit.

[1] Il parle de sa sœur et de Schlosser, plus tard célèbre historien.

18.

GŒTHE A KESTNER.

Reçu à Wetzlar le 11 octobre 72, samedi.

Écrivez-moi donc de suite si les nouvelles sur Goué se confirment [1]. J'honore même une telle action, et je plains l'humanité. Au reste, je ne me soucie pas des observations de tabagie de tous les philistins (pédants) résumées en ces deux mots : « Voyez-vous? » J'espère ne jamais incommoder mes amis par une telle nouvelle.

Notre étoffe, (puisqu'elle appartient aussi à la grande roue des choses), n'est donc pas encore arrivée? Cela m'étonne. Elle est partie d'ici il y a eu hier ou mardi huit jours. C'était un rouleau contenant l'étoffe, des images et des gazettes. Je viens d'envoyer mon domestique à la poste pour demander s'il est resté ici.

Il y a eu encore un accident : dans ledit rouleau il n'y a que deux aunes. — Vous recevrez la troisième par Born.

Que de centaines de fois je pense et je rêve aux scènes passées. Lotte, mes garçons! Et nous ne sommes éloignés que de douze heures!

Ils déclarent ici à la poste que le rouleau est parti pour Wetzlar, il y a eu hier, vendredi, huit jours. Soyez assez bon pour vous en informer.

[1] Un faux bruit avait été répandu que Goué s'était brûlé la cervelle.

16.

GŒTHE A KESTNER.

Reçu à Wetzlar le 22 octobre 72, de Francfort.

Voici quelques feuilles qui valent de l'or. Rappelez-moi au souvenir de Kielmannsegge; elles lui feront plaisir. Le jeune Falck était hier chez moi : c'est un jeune homme gai, comme je les aime. Nous allons faire une promenade aujourd'hui, et je lui ferai connaître Schlosser.

(Et Lotte ? — Quand je passe près de la porte de Friedberg, il me semble que je dois aller chez vous. Il me pèse sur l'âme de m'être querellé avec Sophie avant mon départ; j'espère qu'elle l'aura oublié et pardonné, sinon, je l'en prie. Écrivez-moi ce qu'elle pense de moi. Et Amélie, comment va-t-elle? Je vous prie de me donner sur Gotter des nouvelles plus claires, car le passage de votre lettre sur lui est trop mystérieux. Nous avons vendangé pendant ces quelques beaux jours et pensé plus à Lotte qu'elle ne pense à moi en trois mois. Pourtant j'espère, avec le temps, me délivrer aussi de ce tourment.)

17.

GŒTHE A KESTNER.

Reçu à Wetzlar le 28 octobre 72.

Voici de nouveau des gazettes. Merci pour vos bonnes nouvelles. Et Lotte? Celui de vous deux qui ira le premier à Atspach exprimera en mon nom à ces bonnes gens tous mes vœux. Si vous saviez combien souvent je suis avec vous, et comment encore? — Quelquefois il me vient un doute; et je me figure Lotte en paniers, comme elles sont toutes, mais bientôt après je la vois de nouveau dans sa camisole aux raies bleues, et avec sa bonté ingénue qu'elle possède seule, et alors j'espère ne pas être perdu dans son âme parmi le grand nombre des insignifiants. Je n'ai pas revu Falck. Les tourbillons de la société l'avaient emporté. Rappelez-moi bien au souvenir de Kielmannsegge. J'avais l'intention de lui faire une visite à son lit de malade. Le troisième critique est de ces misérables qui sont condamnés à traîner leur vie dans les ténèbres de la présomption. Adieu! Vos commissions seront faites. Gotter est un homme louche. Fi sur le passage de sa lettre. C'est d'une ambiguïté insignifiante qui me dégoûte. Son bon cœur?... Eh bien, oui, les bons cœurs! Je connais la canaille aussi.

18.

GŒTHE A KESTNER.

Le malheureux Jérusalem! La nouvelle fut pour moi terrible et inattendue; c'était une horrible chose que de recevoir cette nouvelle comme supplément du cadeau le plus agréable de l'affection. Le malheureux! Mais ces diables, c'est-à-dire ces hommes méchants qui ne vivent que de vanité, qui n'ont dans leur cœur que le culte des idoles, qui prêchent l'idolâtrie, qui résistent à tout bon naturel, qui exagèrent et gâtent les forces, — ceux-là sont responsables de ce malheur, de notre malheur. — Que le diable, leur frère, les emporte! Si le maudit prêtre..... n'est pas coupable, Dieu me le pardonne de lui souhaiter de se casser le cou comme Élie. Ce pauvre garçon! Quand je revenais de mes promenades et que je le rencontrais au clair de la lune, je me disais : il est amoureux! Lotte doit se souvenir encore que j'en riais.

Dieu sait que la solitude a miné son cœur et depuis sept [*] ans je connaissais sa figure. J'ai peu causé avec lui :

---

[*] Il n'est pas à notre connaissance qu'il ait connu Jérusalem auparavant. Aurait-il voulu dire sept mois?

Jérusalem ne vint à Wetzlar qu'au mois de septembre 1771.

en partant je pris un de ses livres avec moi ; je le garderai et je me souviendrai de lui tant que je vivrai. »

Je vous remercie, mes enfants, c'est une consolation salutaire et excellente, quand je vois votre souvenir et votre joie. Il était pourtant bon que tout cela vînt ensemble : la vie et la mort, le deuil et la joie. Comme c'est tout autrement que lorsqu'on disait que Goué s'était brûlé la cervelle !

Adieu, rappelez-moi mille fois au souvenir de Lotte. Que vous êtes heureux ! ,

19.

DU JOURNAL DE KESTNER,

Concernant le voyage de Gœthe à Wetzlar.

Le 6 novembre 1772. — Au soir vinrent deux de mes amis de Francfort, le conseiller Schlosser et le docteur Gœthe ; le premier pour des affaires, le dernier pour voir ses amis.

Le 10 novembre 1772. — Schlosser et Gœthe sont repartis ce matin pour Francfort. Nous avons presque toujours été ensemble, ce qui m'a retardé un peu dans mes affaires.

20.

LA SŒUR DE GŒTHE A KESTNER.

Reçu le 7 novembre 72.

Embrassez de ma part votre chère Lotte et dites-lui que je l'aime de tout mon cœur.

S. Gœthe.

21.

GŒTHE A KESTNER.

Reçu le 12 novembre à Wetzlar.

Friedberg, le 10 novembre 72.

Je ne puis pas me vanter! Envoyé en commission locale, mon imagination s'occupe du passé et de l'avenir. Hier au soir j'étais encore chez vous, et maintenant je me trouve ici, dans ce malheureux Friedberg, attendant un couvreur avec lequel je dois m'entendre sur la réparation de mon maudit château. Vous pouvez penser que mon chemin pour venir ici était assez court, et comme je montai aujourd'hui de l'hôtel du Prince-Royal, et que je vis les murs de la maison allemande et le chemin que j'avais fait des centaines de fois, et que je tournai à droite, dans la rue Schmidtgasse. Je voudrais bien avoir pris congé hier au soir, ç'aurait été autant de fait, et j'ai été privé d'un baiser qu'elle n'aurait pu me refuser. Ce matin, j'étais sur le point d'y aller. S. m'en a empêché, et je lui jouerai pour cela un tour, car je ne veux pas souffrir seul. Certes, Kestner, il était temps que je m'en allasse. Hier au soir j'avais des pensées comme celles d'un homme qui doit être pendu.

Le couvreur est venu ici, et je suis au point où j'en étais auparavant. Mon père vient de m'envoyer un paquet que je vais faire prendre; cela contiendra probablement aussi des choses édifiantes. En attendant j'ai été chez vous, et mon âme est encore avec vous et mes chers petits. Ah! si l'homme était né pour jouir des joies pures!

.....La lettre de mon père est là. Bon Dieu! si je devenais vieux, dois-je alors aussi devenir ainsi! Est-ce que mon âme ne doit plus s'attacher à ce qui est aimable et bon? C'est étrange! Il semble que l'homme devrait se détacher de tout ce qui est terrestre et petit à mesure qu'il vieillit. Il n'en est rien pourtant : au contraire, il s'attache de plus en plus à ce qui est terrestre, et il devient toujours plus petit. — Vous voyez, je suis en bon train de radoter, mais Dieu sait que ce n'est que pour m'occuper de vous et pour oublier *qui*, *où* et *ce que* je suis.

Schlosser est de retour d'une ambassade, l'amour lui inspire les protocoles, il a examiné les coins les plus reculés de l'enfer; en attendant, tout reste comme auparavant, et le résultat de nos courses et de nos efforts sera que nous ne disputerons pas le rang à une députation considérable d'inspecteurs.

Et quand je pense comme je suis revenu de Wetzlar, avec quelle affection j'ai été reçu et tout à fait au delà de mes espérances, alors je suis bien tranquille. Je vous l'avoue, j'étais à moitié effrayé, car ce malheur m'est déjà souvent arrivé.

J'arrivais, mon cher Kestner, le cœur entièrement plein et chaud; alors c'est une douleur infernale de ne pas être reçu comme on vient. Mais quelle différence! Dieu vous donne toute une vie comme ces quelques jours ont été pour moi.

On apporte le souper, et bonne nuit.

Encore une fois bonne nuit. Dites mille choses au cher vieux papa et à mes garçons. Rappelez-moi au concert, au souvenir de Lotte et à celui de Dorothée. Encore quelque chose. Lotte a un petit meuble qui est trop grand pour elle. Je lui avais demandé la permission de l'échanger contre un plus petit; envoyez-le-moi, bien emballé, par la diligence [1].

[1] Il parle d'un peigne dont il est aussi question dans les lettres n°° 35 et 37.

22.

GŒTHE A KESTNER.

Reçu à Wetzlar le 14 novembre 72, de Francfort.

Voilà de l'architecture allemande pour Kielmannsegge et vous.

Comment allez-vous et avez-vous parlé de moi au concert?

Vous avez, j'espère, reçu la lettre édifiante de Friedberg; je l'écrivis pour occuper mon âme, qui commençait à s'impatienter. De là je suis allé à Hombourg, et j'ai commencé à aimer la vie, puisque la présence d'un misérable comme moi peut faire plaisir à de si excellentes créatures.

Adieu, je me repose ici; lundi j'irai à Darmstadt, et mardi à Manheim, où j'espère avoir le plaisir de causer de Lotte avec Mlle Baschle.

23.

GŒTHE A KESTNER.

Reçu à Wetzlar le 15 novembre.

J'ai reçu aujourd'hui votre chère lettre pleine de souvenirs, et je dois au moins vous dire combien elle m'a fait de plaisir et combien je vous aime.

Lotte sait bien qu'il lui est permis de dire ce qu'elle veut ; moi, pauvre diable, je suis toujours dans le plus grand désavantage. Malgré tout cela Lotte et les choses restent comme elles étaient.

Voici un exemplaire de l'architecture pour Falck. Où en sont mes têtes [1]? Occupez-vous-en bien. Voudriez-vous bien dire à Wandrer que j'ai pris des informations sur les oignons ; les amateurs m'ont assuré qu'il était trop tard, qu'il fallait s'en occuper au mois de septembre, que les bons étaient déjà tous choisis. Malgré cela j'en ai fait demander chez l'Italien, qui m'a fait dire qu'il n'y en avait plus, car à cette époque ils poussent déjà.

[1] Il parle de silhouettes.

24.

KESTNER A M. DE HENNINGS.

Wetzlar, le 18 novembre 1772.

Je voudrais bien savoir en ce moment ce que vous pensez de moi, cher Hennings.

Je ne veux pas faire des excuses, mais je dois pourtant dire quelque chose qui y ressemble.

Justement la veille du soir où je reçus votre chère dernière lettre, Lotte me dit que je devrais bien vous écrire, n'ayant pas eu depuis longtemps de vos nouvelles. J'avais, en vérité, déjà commencé une longue lettre pour vous ; mais voulant vous entretenir en détail de quelques événements remarquables qui s'étaient passés autour de moi dans ces dernières années, et ayant été souvent interrompu, je ne voulais vous raconter que les choses les plus récentes, mais j'entrais de nouveau dans de si grands détails que je ne devais pas espérer en finir sitôt ; je veux donc changer mon plan et ne vous dire que les choses principales (comme en sommaire), pour rouvrir entre nous la communication.

Vous désirez apprendre davantage de ma fiancée, et je ne demande pas mieux que de vous en parler : j'ai tant à vous en dire ! Mon amie m'est devenue d'année en année plus chère. J'ai passé heureux et joyeux avec elle et sa mère toutes mes heures libres jusqu'il y a deux ans. Je vous raconterais volontiers comment et de quelle manière, si cela n'était pas trop long. Il y a cet automne deux ans que notre repos reçut un coup fatal. La meilleure des mères qui ait jamais vécu et telle que l'imagination seule pourrait la peindre, tomba malade et mourut. Je crois que je ne vous l'ai pas encore écrit. Mais, d'un côté, je n'en avais pas la force ; de l'autre, je voulais vous raconter toutes les circonstances, qui sont très-remarquables. Pour cette fois, je veux seulement signaler l'influence qu'a eue cette mort sur Lotte. Elle sentit cette perte dans toute sa force. Sa gaieté diminua de plus en plus, car il lui échut la mission de remplacer la mère auprès des autres enfants ; ce changement était naturellement très-important. Elle n'avait que dix-huit ans, et avait une sœur aînée qui jamais ne renonça au droit d'aînesse ; mais il était si évident et si peu douteux que Lotte seule pouvait remplacer sa mère, que non-seulement le père, mais aussi sa sœur aînée et encore les jeunes enfants, même les domestiques et les étrangers, tacitement et sans s'être entendus, poussés par une conviction intérieure, tombèrent tous d'accord sur ce point ; et elle-même sentit sa destination si bien, qu'elle prit cette charge sur elle dès le premier moment et qu'elle s'en acquitta avec entière assurance, comme si on l'avait formellement instruite ou comme si elle y avait été dès longtemps destinée. Tous s'adressaient à elle, tout se faisait sur sa parole, chacun suivait ses ordres, même ses gestes ; il semblait que la sagesse de la mère lui était échue en héritage. Jusqu'à cette heure, tout a marché ainsi ; elle est l'appui de la famille, elle a l'affection et l'estime de tous ceux qui la composent, et les yeux de tous ceux qui fréquentent la maison sont dirigés sur elle. Je vous le dis, c'est presque un miracle ; et pourtant personne ne semble s'en apercevoir, chacun trouve cela tout naturel.

Vous pouvez penser que cette circonstance a augmenté sa valeur à mes yeux ; et si auparavant j'avais été encore irrésolu, ceci m'aurait décidé, sans me laisser le moindre doute ; car ce qui était d'abord seulement un espoir, une probabilité, un germe et un projet, est devenu maintenant une certitude évidente, irréfutable, et se présente comme un fruit mûr et une perfection achevée. Vous me comprendrez aussi si je vous dis que cette position ne lui a pas seulement donné de l'aplomb, mais qu'elle la maintient, la protége et l'empêche de faire fausse route : chose trop facile pour des femmes qui ont assez de loisir pour chercher à se distinguer par la toilette, par la lecture et par d'autres soi-disant perfections. Un homme dont le jugement a de la valeur m'a avoué cet été qu'il n'avait encore trouvé aucune femme qui fût, à ce point au-dessus des faiblesses féminines ordinaires. Si je reçois avant d'avoir terminé cette lettre l'esquisse qu'il a faite de Lotte, je l'ajouterai encore.

Quoique les fonctions que cette situation ont amené pour Lotte soient de nature à faire que sa valeur demeure cachée à des yeux non pénétrants (Lotte n'étant pas dans le sens ordinaire une beauté brillante, elle l'est pourtant pour moi) ; — elle reste néanmoins toujours la fille enchanteresse qui pourrait avoir un grand nombre d'adorateurs, vieux et jeunes, sérieux et gais, habiles et sots, etc., etc. Elle sait bientôt leur faire comprendre qu'ils ont à chercher leur salut ou dans la fuite ou dans l'amitié. Je veux pourtant mentionner ici une de ces personnes comme la plus remarquable parce qu'elle a conservé une influence sur nous. Un homme, jeune d'années (25 ans), mais déjà homme fait quant aux connaissances et au développement des forces de son âme et de son caractère, un génie extraordinaire et un homme de caractère était ici, d'après les intentions de sa famille, pour s'occuper de la procédure de l'empire; mais au fait pour chercher les traces de la nature et de la vérité, et étudier Homère et Pindare. Il possède du reste une fortune indépendante. Après un séjour assez long il fit par hasard la connaissance de Lotte, et trouva en elle son idéal d'une fille excellente ; il la vit joyeuse et gaie ; mais il s'aperçut bientôt que là n'était pas son côté fort ; il la vit aussi dans la sphère domestique et devint en un mot son adorateur. Il ne pouvait pas longtemps ignorer qu'elle ne pouvait lui donner que de l'amitié, et sa conduite envers lui devint encore un modèle. Ce goût identique forma entre nous, en faisant plus ample connaissance, le lien le plus solide d'amitié, de sorte que je le place immédiatement après mon cher Hennings. Cependant, bien qu'il dût renoncer et renonçât par le fait à toute espérance quant à Lotte, il ne put pas, malgré toute sa philosophie et son amour-propre naturel, gagner sur lui de dompter entièrement sa passion : et il a des qualités qui peuvent le rendre dangereux à une femme qui sent et qui a du goût. Mais Lotte sut le traiter de manière qu'aucune espérance ne pût germer chez lui et que lui-même dût encore admirer sa manière d'agir. Son repos en souffrait beaucoup, il y eut bien des scènes mémorables, en conséquence desquelles Lotte monta encore dans mon estime et lui me devint encore plus cher comme ami. Parfois je dus m'étonner des changements bizarres que l'amour peut opérer même dans les hommes les plus forts et les plus indépendants. Souvent j'eus pitié de lui et il y eut en moi des luttes intérieures, pensant d'un côté que je ne pourrais pas rendre Lotte aussi heureuse que lui, mais ne pouvant pas d'un autre côté me faire à la pensée de la perdre. Ce dernier sentiment resta le maître et je n'ai même pu découvrir en Lotte une trace de telles considérations. Bref, après quelques mois il commença par voir qu'il ne pouvait retrouver son repos qu'en se faisant violence. Dans un moment de détermination, il partit sans prendre congé après avoir fait déjà plusieurs fois de vaines tentatives de fuite. Il est à Francfort et nous entretenons une correspondance très-suivie. Bientôt il m'écrivit qu'il était redevenu maître de lui ; immédiatement après je retrouvai en lui des changements. Dernièrement il ne put résister au désir de revenir avec un ami qui avait ici des affaires; il serait peut-être encore avec nous si les affaires de son ami n'avaient pas été terminées en quelques jours; car lui (Goethe) suit son idée la plus immédiate et ne se soucie pas des suites; ceci provient de son caractère qui est tout à fait original.

Dans l'intervalle, mon père est mort aussi. Cet événement m'a fait connaître les tristes peines des hommes, et peut-être me les fera-t-il connaître encore davantage.

Je dois vous informer encore de mes affaires les plus intimes. Ma liaison avec Lotte n'est autre que celle d'un honnête homme qui donne à une femme la préférence sur toute autre et qui lui fait sentir qu'il désire de sa part la même chose, et qui accepte d'elle, si elle y consent, non-seulement un sentiment semblable, mais une résignation complète. Je crois que cela suffit pour lier un honnête homme, surtout quand cela dure pendant quelques années. Ajoutez encore que nous nous sommes distinctement expliqués, Lotte et moi, l'un envers l'autre, et que nous le faisons encore avec plaisir, sans pourtant y ajouter des assurances et des serments. Depuis longtemps j'avais déjà déclaré mes vues et mon désir à sa mère, en ne lui cachant pas que j'avais encore des parents et qu'une union secrète n'était pas dans mon intention. Je n'en ai jamais dit une syllabe au père. On se fie à mon honnêteté, et on est tranquille parce que Lotte est jusqu'à présent encore trop jeune et encore trop nécessaire à la maison.

Quant à ma famille, je ne lui ai pas fait un secret, ni de ma liaison, ni de la préférence que j'avais pour Lotte, et cela dans des termes qui pouvaient facilement indiquer mon but. On ne s'est pas expliqué là-dessus. Je n'espérais pas de la part de mon père une résolution favorable, et le moment n'étant pas encore venu, je n'insistai pas sur ce point. Mais voulant enfin une fois m'occuper sérieusement de cette affaire et espérant que ma mère serait favorable à mon projet, je me suis expliqué enfin de ce côté sur mon désir et mon intention. Nous sommes là-dessus en correspondance. On me fait maintes objections, principalement que je n'ai pas encore de place fixe, que Lotte a beaucoup de sœurs et de frères et pas de fortune. J'ai bien réfléchi sur ces circonstances et j'ai donné des éclaircissements suffisants. Du reste je ne voulais faire pour le moment cette démarche que pour pouvoir être en état d'annoncer à Lotte et à son père le consentement de ma mère. Je serai obligé, avant de me marier, de faire des démarches ultérieures pour un emploi sûr. J'espère maintenant bientôt recevoir le consentement par écrit de ma mère. Cependant elle ne sera pas très-contente ; mais j'ai tout bien pesé et je ne peux pas agir autrement. Je vous fais grâce de tous les autres détails. Tout irait bien si j'avais d'abord une position fixe. L'*In-*

spection paraît durer encore quelque temps et je serai obligé d'attendre. Il faut maintenant voir ce que le ciel ordonnera.

Adieu, mon ami, donnez-moi aussi bientôt de vos nouvelles.

K.

Du 28 novembre 72.

25.

GOŒHE A KESTNER.

(Reçu à Wetzlar le 21 novembre 72.)

Je suis à Darmstadt, et je n'irai pas à Manheim; au moment où nous allions partir, Merck fut empêché, car celui qui a une place en est l'esclave. Nous sommes tous les deux si contents d'être réunis et cela nous fait tant de bien que je ne veux pas y aller seul. Adressez vos lettres directement ici, et envoyez-moi les détails sur la mort de Jérusalem. Vous m'avez sans doute déjà écrit à Francfort, mais il faut si longtemps pour que les lettres arrivent ici ! J'ai causé ce matin longtemps avec Mme Flachsland de Lotte, de vous et de mes chers garçons. Merck ainsi que sa femme et Henry se rappellent à votre souvenir, dites mille choses de ma part à tous. Mon âme est souvent auprès de vous. Adieu.

GOETHE.

26.

LA SŒUR DE GŒTHE A KESTNER.

Samedi, Francfort 21 novembre 72.

J'ai envoyé, monsieur, votre lettre à mon frère, qui est à Darmstadt ; imaginez-vous qu'il est parti depuis lundi et qu'il n'a pas envoyé un mot ; n'est-ce pas trop fort ? — Mais c'est sa manière d'agir, vous y êtes probablement déjà habitué.

Mon frère me recommanda fortement, avant son départ, de copier pour votre chère Lotte quelques *Lieder* (chansons) ; mais comme il n'y en a que quelques-uns, je viens vous demander si, depuis cette époque elle ne s'est pas souvenue d'autres qu'elle désire avoir, en tout cas écrivez-moi si elle a la marche des *Deux Avares*, je l'y joindrai, la mélodie en est très-agréable. Voulez-vous être assez bon, monsieur, pour me rappeler au souvenir de toute la maison de Buff, mais très-amicalement ? et si vous faites cela très-gentiment, je vous promets de ne pas vous appeler la prochaine fois « monsieur, » mais « ami. »

G.

27.

LA SOEUR DE GOETHE A KESTNER.

Mercredi, le 25 novembre 1772.

Lotte doit se contenter de mon mauvais griffonnage ; en écrivant la musique je ne songeais pas aux paroles qui devaient en être placées dessous, mais je pense que ça sera lisible.

Je vous remercie, cher ami, des nouvelles que vous me donnez de mon frère, qui jusqu'à présent à été muet pour nous. Il avait écrit la semaine dernière à Nitte que vous n'iriez pas à Manheim, et cela me console, parce qu'il avait promis de me prendre avec lui. Vous souvenez-vous encore, mon ami, des bonnes demoiselles que nous allâmes voir à la dernière foire ? Elles se rappellent au souvenir de Lotte et au vôtre, et elles vous prient de venir nous voir bientôt. Jusque-là pensez aussi souvent à nous que nous pensons à vous.

G.

26.

NOTES DE KESTNER SUR LA MORT DE JÉRUSALEM.

Envoyées à Gœthe au mois de novembre 1772 [1].

Jérusalem était mécontent pendant tout le temps de son séjour ici, soit, en général, à cause de la place qu'il y occupait et que, dès le commencement, l'accès dans le grand monde (chez le comte Bassenheim) lui fut refusé d'une manière désagréable, soit en particulier, à cause de l'envoyé de Brunswick, avec lequel il eut bientôt après son arrivée, et au su de tout le monde, des disputes violentes qui lui attirèrent des reproches de la part de sa cour et eurent encore d'autres suites fâcheuses pour lui. Depuis longtemps il désirait quitter cette ville, et il y travaillait ; ce séjour lui était odieux, d'après ce qu'il a souvent dit à ses connaissances, et je le savais déjà depuis longtemps, par mon domestique, qui le tenait du sien.

Outre ce mécontentement, il était aussi amoureux de la femme du secrétaire palatinal H... Je ne crois pas que celle-ci ait été disposée à encourager de telles galanteries, son mari étant très-jaloux. Cette passion devait donc complétement miner son repos et son bonheur.

[1] Voir les Œuvres de Gœthe, édition de 1840, vol. 22°, p. 168.

"Il se dérobait toujours à tous les passe-temps et à toutes les distractions ; il aimait à se promener seul au clair de la lune ; il faisait souvent des promenades à pied, de plusieurs milles, et se laissait aller à son chagrin et à son amour sans espoir. Une nuit il s'égara dans une forêt ; il finit pourtant par trouver un paysan qui lui montra le chemin, et il revint chez lui à deux heures du matin.

Cependant il garda toujours son chagrin pour lui seul, et ne le découvrit ni ses causes à aucun de ses amis. Il n'a jamais dit mot à Kielmannsegge de la H..., ce que je sais de source certaine.

Il dévorait beaucoup de romans, et il disait lui-même qu'il n'y avait presque pas de roman qu'il n'eût lu. Les tragédies les plus lugubres lui étaient les plus chères. Il lisait aussi des ouvrages philosophiques avec un grand zèle et les méditait. Il a même écrit plusieurs mémoires philosophiques que Kielmannsegge a lus et dont les opinions lui parurent très-hardies ; entre autres choses il a lu de lui un mémoire dans lequel il faisait l'apologie du suicide. Il se plaignait souvent à Kielmannsegge des limites étroites qui étaient posées à la raison humaine, du moins à la sienne ; il pouvait s'attrister profondément quand il parlait de ce qu'il désirait savoir, et de ce qu'il ne pouvait pas approfondir. (Je n'ai appris cette circonstance que dernièrement et elle me paraît être la clef d'une grande partie de son chagrin et de sa mélancolie qu'on lisait dans sa mine ; cette circonstance lui fait honneur et paraît à mes yeux ennoblir sa dernière action). Le *Phédon* de Mendelssohn était sa lecture favorite, mais il était toujours mécontent de lui dans la question du suicide ; il faut remarquer qu'il regardait ce dernier comme permis, malgré la certitude qu'il avait au sujet de l'immortalité de l'âme. Il lisait très-assidûment les œuvres de Leibnitz. »

En apprenant dernièrement la nouvelle du suicide de Goué, il n'en crut pas celui-ci capable, mais il discuta cette thèse très-ardemment en sa faveur, d'après ce que Kielmannsegge et beaucoup d'autres qui étaient avec lui m'ont assuré. Peu de jours avant qu'il mît à exécution son fatal projet, il était question de suicide, et il dit à Schleunitz « que ce devait être une bête d'affaire si le coup ne réussissait pas. »

Aussi, quelques jours auparavant, Brandt lui parla de ses longues promenades solitaires, et lui dit qu'il pourrait facilement lui arriver un malheur, citant, pour exemple, une personne qui s'était réfugiée pendant un orage derrière un mur qui s'était écroulé sur elle. Il répondit : « Cela ferait justement mon affaire. »

Dorthel, sœur de Lotte, promit de lui faire une couronne s'il mourait ici. Dans la maison de Brandt il s'est vivement plaint de R..., qui ne lui écrivait pas, et il a dit qu'il avait honte de venir, ne pouvant leur donner de nouvelles ; et en s'adressant avec vivacité à Anne : « Oui, je vous assure, les torts de mes amis me font de la peine » (R... faisait la cour à Anne). Il dit à Kielmannsegge que R... avait une âme de boue ; et que pourrait-on encore faire dans le monde si l'on ne pouvait même conserver un ami absent ?

Ces jours-ci, étant dans la maison de Brandt et me voyant entrer dans la maison des Buff (ou plutôt croyant m'avoir vu, parce que c'était une autre personne qui entra), il dit avec un ton particulier : « Que Kestner est heureux, avec quel calme il y va ! »

Mardi dernier, il arriva avec une mine très-mécontente chez Kielmannsegge qui était malade. Celui-ci lui demandant comment il se portait, il répondit : « Mieux que je ne voudrais. » Ce jour-là il parla beaucoup de l'amour, ce qu'il n'avait jamais fait auparavant. Au sujet de la *Gazette de Francfort*, il dit qu'elle lui plaisait depuis quelque temps plus qu'autrefois. Dans l'après-midi du même jour, il alla chez le secrétaire H..., et joua avec lui au taroc jusqu'à huit heures du soir. Anne Brandt s'y trouva aussi ; Jérusalem l'accompagna chez elle. En cheminant Jérusalem se frappa souvent le front avec tristesse en répétant à plusieurs reprises : « Oh ! si l'on était enfin mort, — si l'on était enfin au ciel ! » Anne le plaisanta là-dessus, il lui demanda une place au ciel près d'elle ; et en prenant congé, il lui dit : « Eh bien, c'est arrêté, j'aurai au ciel une place auprès de vous. »

Le mercredi, il y avait grande fête à l'hôtel du Prince-Royal, et chacun avait amené un hôte ; il y alla aussi et amena avec lui le secrétaire H..., quoiqu'il eût l'habitude de dîner chez lui. Il se conduisit là comme toujours et plutôt gaiement. Après le dîner, le secrétaire H... l'emmena à sa maison chez sa femme. Ils prirent du café. Jérusalem dit à Mme H... : « Chère madame, c'est le dernier café que je prends avec vous. » Elle prit cela pour une plaisanterie et lui répondit sur ce ton. Cet après-midi (mercredi), Jérusalem alla seul chez les H... On ne sait pas ce qui s'y passa ; peut-être faut-il chercher dans cette visite le motif de ce qui suit.

Le soir, à la nuit tombante, Jérusalem alla à Garbenheim, dans son hôtel habituel ; il demanda si personne n'était dans la chambre en haut. Sur la réponse négative, il monta, redescendit bientôt, sortit de la cour, tourna à gauche, revint bientôt après et alla au jardin ; la nuit survint tout à fait, il resta longtemps ; l'hôtesse en fit ses observations ; il sortit de nouveau, passa auprès d'elle sans dire mot, en marchant d'un pas agité, sortit de la cour et se sauva à droite.

Dans l'intervalle ou encore plus tard, quelque chose s'était passé entre H... et sa femme. H... a confié à une amie qu'il avait eu une querelle avec sa femme relativement à Jérusalem et que celle-ci avait demandé qu'il lui défendît la maison, ce qu'il avait fait le lendemain dans un billet.

Dans la nuit de mercredi à jeudi, il se leva à deux heures, il éveilla son domestique en lui disant qu'il ne pouvait pas dormir, qu'il ne se trouvait pas bien. Il fit faire du feu, demanda du thé, pourtant plus tard il eut l'air de mieux se porter.

Jeudi matin, H... envoya à Jérusalem un billet. La servante ne voulut pas attendre la réponse et s'en ___. Jérusalem venait de se faire raser. A onze h___ ___rusalem écrivit un billet à H...; celui-ci ne voulut ___ recevoir du domestique, en lui disant qu'il n'avait pas besoin de réponse, qu'il ne pouvait pas entrer en correspondance, et du reste qu'ils se voyaient tous les jours à la dictature (bureau où ils travaillaient). Lorsque le domestique rapporta le billet non décacheté, Jérusalem dit en le jetant sur la table : « C'est bien » (peut-être pour faire croire au domestique qu'il s'agissait de choses indifférentes).

A midi, il dîna chez lui, mais ne prit qu'un peu de potage. A une heure, il m'adressa un billet et il écrivit en même temps à son envoyé en le priant de lui faire tenir pour ce mois ou le suivant son traitement. Le domestique arriva chez moi. Je n'y étais pas, mon domestique non plus. En attendant, Jérusalem sortit, rentra chez lui à trois heures un quart et son domestique lui rendit le billet. Sur l'observation pourquoi il ne l'avait pas laissé à ma domestique, celui-ci lui répond qu'il n'avait pas voulu le laisser ouvert et sans cachet. — Jérusalem dit que cela n'aurait rien fait, que cela importait peu, que chacun pourrait le lire et qu'il devrait le rapporter. Le domestique se crut par là autorisé à le lire et me l'envoyer par un petit garçon qui sert dans notre maison. Sur ces entrefaites j'étais rentré, il pouvait être trois heures et demie lorsque je reçus le billet suivant :

« Oserais-je vous demander, monsieur, de me prêter vos
» pistolets pour un voyage projeté[1] ? »

Le 29 octobre 1772, à 1 heure de l'après-dîner.

Comme je ne savais rien de tout ce que je viens de raconter, ni de ses principes (n'ayant jamais eu des rapports particuliers avec lui), je n'hésitai point à lui envoyer de suite les pistolets.

Le domestique avait lu dans le billet que son maître allait faire un voyage et Jérusalem le lui ayant dit aussi, il fit tous les préparatifs de départ pour le lendemain six heures. Il avait même demandé le coiffeur pour cette heure. Le domestique ne sut ni pour quel endroit, ni avec qui, ni comment il partirait. Mais il n'eut pas de soupçons, parce que son maître préparait toujours secrètement ses entreprises. Pourtant il s'était dit : « Est-ce que par hasard il voudrait partir secrètement pour Brunswick et me planter là ? etc. » Il devait remettre les pistolets à l'armurier et les faire charger à balle.

[1] Un *fac-simile* de ce billet se trouve dans l'édition allemande.

Jérusalem travailla seul tout l'après-midi, fouilla dans ses papiers, écrivit, se promena souvent violemment dans sa chambre, d'après ce qu'ont rapporté les voisins au-dessous de lui. Il sortit plusieurs fois et paya de petites dettes aux marchands où il n'avait pas un compte courant. Il avait mis de côté une paire de manchettes et avait dit à son domestique qu'elles ne lui plaisaient pas, lui ordonnant de les rendre au marchand et de les payer si le marchand ne les reprenait pas. Le marchand préféra l'argent.

Le professeur de langue italienne vint à sept heures chez lui. Il le trouva inquiet et de mauvaise humeur. Jérusalem se plaignit d'un nouvel accès d'hypocondrie et de maintes autres choses, ajoutant qu'il ne pourrait faire mieux que de s'expédier hors de ce monde. L'Italien lui recommanda fortement de supprimer de pareilles idées par la philosophie, etc. Jérusalem lui répondit que cela ne se faisait pas si aisément, et ajouta qu'il désirait être seul en ce moment et qu'il pouvait s'en aller. L'Italien dit qu'il devrait aller dans le monde, se distraire. Jérusalem répliqua qu'il sortirait encore. — L'Italien voyant les pistolets placés sur la table, eut de tristes pressentiments; il s'en alla à sept heures et demie chez Kielmannsegge où il ne parla que de Jérusalem, de son agitation et son découragement, mais sans dire mot de sa crainte, croyant qu'on rirait de lui.

Le domestique entra chez Jérusalem pour le déchausser; mais celui-ci lui dit qu'il sortirait encore, ce qu'il fit en effet. Il se promena hors la porte dite Silberthor, sur la prairie de Starke et ailleurs dans les rues, passant rapidement sans regarder et le chapeau enfoncé sur les yeux devant diverses personnes. On le vit aussi vers ce temps s'arrêter près de la rivière, comme s'il voulait s'y jeter.

Il rentra chez lui avant neuf heures, dit au domestique de mettre encore du bois dans le poêle, parce qu'il ne se coucherait pas de si tôt, et d'arranger tout pour six heures du matin. Il se fit aussi apporter une bouteille de vin. Le domestique se coucha tout habillé pour être prêt de très-bonne heure, car son maître était toujours exact.

Jérusalem, se trouvant seul, semble avoir préparé tout pour son affreux projet. Il avait déchiré toutes ses lettres et les avait jetées sous le bureau où je les ai vues moi-même. Il avait écrit deux lettres : une à sa famille, l'autre à H...; On suppose aussi qu'il avait écrit encore une lettre à l'ambassadeur Hœffler, qui l'a peut-être supprimée. Les lettres ont été trouvées sur le bureau. La première de ces lettres vue le lendemain matin par le médecin ne contenait, d'après ce que m'a dit le docteur Held qui l'a lue, que ces lig...

« Ch... chère mère, chères sœurs et cher beau-frère, ... à votre malheureux fils et frère; que Dieu, Die... bénisse! »

Il demandait pardon, dans la seconde lettre, à H... d'avoir troublé la tranquillité et le bonheur de son ménage et d'y avoir produit la discorde, etc. D'abord son inclination pour sa femme n'avait été que purement vertueuse, etc... Mais il espérait qu'il lui serait permis dans l'éternité de lui donner un baiser, etc.

On dit que cette lettre était composée de trois feuilles et se terminait par ces mots : « Une heure. Nous nous reverrons dans l'autre vie. » Il est probable qu'il s'est tué aussitôt qu'il a eu fini cette lettre.

Je tiens ces détails de quelqu'un auquel l'ambassadeur

Hoeffler avait confidentiellement communiqué le contenu de la lettre. L'ambassadeur en a conclu qu'il a existé des relations vraiment coupables entre lui et la femme H... Mais il n'a pas fallu grand'chose pour troubler la tranquillité de H... Il me semble que l'ambassadeur tâche de détourner l'attention tout à fait de lui en la dirigeant sur cet événement d'amour, parce que le chagrin qu'il a causé à Jérusalem a été bien pour quelque chose dans la résolution de celui-ci, particulièrement parce que l'ambassadeur avait demandé à diverses reprises le rappel de Jérusalem, et lui avait attiré, il y a peu de temps, de fortes réprimandes de la part de sa cour. D'autre part, le prince héritier de Brunswick, qui était bien disposé pour lui, avait écrit il n'y a pas longtemps de prendre encore patience à Wetzlar et de lui écrire, s'il avait besoin d'argent, sans s'adresser à son père, le duc.

Ces préparatifs faits, à peu près vers une heure, il s'est tiré un coup de pistolet au-dessus de l'œil droit. On n'a pas retrouvé la balle. Personne, dans la maison, n'a entendu le coup de feu, excepté le Père gardien des Franciscains, qui a aussi vu l'éclair de la poudre, mais n'y a pas fait attention, parce que le silence continua. Le domestique avait peu dormi la nuit précédente, et sa chambre est au fond de la maison, ainsi que les chambres à coucher des autres locataires.

Il semble qu'il s'est tué assis dans le fauteuil devant son bureau. Le dos et les bras du fauteuil portaient des taches de sang. Il a glissé ensuite du fauteuil et est tombé par terre, où il y avait encore beaucoup de sang. Il a dû certainement se rouler par terre, dans son sang. Une grande mare de sang était près du fauteuil ; le devant de son gilet en était aussi taché. Il s'est avancé ensuite, tournant autour du fauteuil, vers la fenêtre, où il y avait encore beaucoup de sang, et où il est resté épuisé et couché sur le dos. Il était complétement habillé, botté, portant une redingote bleue et un gilet jaune.

Le domestique entra avant six heures du matin dans la chambre de son maître pour le réveiller. La bougie était consumée jusqu'au dernier bout; il faisait nuit. Le domestique voit Jérusalem couché par terre; il aperçoit de l'humidité et croit que son maître a vomi; mais en apercevant le pistolet tombé par terre et du sang, il s'écrie: « Mon Dieu, monsieur l'assesseur, qu'avez-vous fait? » Il le secoue, mais celui-ci ne répond pas; il râle seulement. Le domestique court chez les médecins et les chirurgiens. Ils arrivent; mais il n'y avait plus d'espoir. Le docteur Held me raconta qu'il l'avait trouvé couché par terre, que le pouls battait encore, mais qu'il n'y avait plus rien à faire. Tous les membres étaient comme paralysés, parce que la cervelle avait été atteinte et sortait du crâne. Néanmoins il lui ouvrit une veine du bras : il a fallu tenir le bras déjà refroidi. Le sang a coulé. Il a encore respiré; parce que le sang, en circulant encore dans les poumons, les mettait en mouvement.

Le bruit de cet événement se répandit rapidement; toute la ville en fut effrayée et profondément agitée. Je ne l'appris que vers neuf heures; je pensai à mes pistolets, et depuis longtemps je n'avais pas été aussi épouvanté. Je m'habillai et y courus. Il était déposé sur le lit; son front était couvert; sa figure était déjà celle d'un mort; il ne faisait plus aucun mouvement. Seulement les poumons remuaient encore et râlaient affreusement, tantôt faiblement, tantôt plus fort. On attendait sa fin.

Il n'avait pris qu'un verre de vin. Des livres et des manuscrits étaient jetés çà et là : *Emilia Galotti*[1] était ouvert sur un bureau près de la fenêtre ; à côté de ce livre se trouvait un manuscrit in-quarto de la grosseur d'un doigt, traitant de questions philosophiques. La première partie avait pour titre : *De la liberté*. Il y était question de la liberté morale. Je l'ai feuilleté pour voir si les matières se rapportaient à sa dernière action, mais je n'y ai rien trouvé. Il faut dire que j'étais si ému et consterné que je ne me rappelle rien de son contenu, ni la scène d'*Émilia Galotti* non plus, malgré l'attention que j'y avais mise. Pourtant je l'ai regardée exprès.

Il mourut vers midi, et fut enterré à onze heures moins un quart du soir, dans le cimetière ordinaire (sans que les médecins eussent fait une autopsie, parce que la chancellerie du maréchal de l'empire craignit d'intervenir dans les priviléges des ambassadeurs). L'enterrement se fit dans le plus profond silence, à la lueur de douze lanternes. Quelques personnes suivaient le cortége. Des garçons barbiers portèrent la croix devant le cortége. Aucun prêtre n'y assistait.

Cet événement a produit sur tout le monde une expression extraordinaire. Ceux même qui ne l'avaient vu qu'une fois à peine, ont de la peine à se calmer. Beaucoup d'autres ne peuvent depuis dormir tranquillement. Ce sont particulièrement les femmes qui prennent un grand intérêt à son sort. Il était complaisant pour le sexe et sa figure était intéressante, etc.

[1] Un drame de Lessing.

29.

SUPPLÉMENT

A L'HISTOIRE DE LA MORT DE JÉRUSALEM.

On prétend avoir des renseignements secrets venant de la bouche du secrétaire H... Celui-ci avait été obligé, le mercredi avant la mort de Jérusalem, d'aller chez l'ambassadeur, lorsque Jérusalem était venu prendre le café avec H... et sa femme. Le mari remarqua à son retour l'air extraordinairement sérieux de sa femme et le silence de Jérusalem. L'un et l'autre lui semblaient suspects, d'autant plus qu'il trouva sa femme et Jérusalem très-changés. Jérusalem partit. Le secrétaire fit ses réflexions; le soupçon que quelque chose de fâcheux pour lui se serait passé pendant son absence le préoccupe, car il est très-méfiant et jaloux. Il fait cependant semblant d'être calme et gai, et veut avant tendre un piége à sa femme. Il dit qu'il a souvent dîné chez Jérusalem, si elle n'était pas d'avis de l'inviter aussi une fois à dîner chez eux? — La femme répond que non, et ajoute qu'il faut rompre tout à fait avec Jérusalem; qu'il commençait à se conduire de manière qu'elle serait forcée de cesser toute relation avec lui, et qu'elle se croyait obligée de raconter à son mari ce qui s'était passé pendant son absence. Jérusalem s'était jeté à ses genoux et avait voulu lui faire une déclaration d'amour. Il va sans dire qu'elle s'était mise en colère et qu'elle lui avait fait beaucoup de reproches, etc. Elle exigea que son mari lui défendît sa maison, ne pouvant ni ne voulant plus entendre parler de Jérusalem ni le revoir.

C'est par suite de cela que H… écrivit le lendemain matin un mot à Jérusalem, etc.

30.

GŒTHE A KESTNER.

Reçu de Darmstadt à Wetzlar, le 30 novembre 72.

Je vous remercie, mon cher Kestner, pour vos renseignements concernant la mort de Jérusalem ; ils ont excité notre plus vif intérêt. Je vous les renverrai après les avoir fait copier.

Merck et sa femme me chargent de leurs compliments pour vous de leur part. La femme répète toujours que vous devez être un excellent homme. Henri va tous les soirs à la comédie et ne se soucie pas du monde. Votre compliment à Mme Flachsland m'a rapporté un baiser. Je vous prie de lui faire souvent vos compliments et de me charger de les lui porter. Elle m'a recommandé de vous dire qu'elle vous souhaitait le plus grand bonheur en amour. Tout le monde désire connaître Lotte. J'ai l'habitude de parler beaucoup d'elle ; ce qui fait sourire les gens et soupçonner qu'elle est ma bien-aimée ; il a fallu que Merck assurât que je suis tout à fait innocent sous ce rapport. Mes compliments à la petite Dorothée et Caroline, et à tous mes petits garçons. J'ai eu hier l'idée d'écrire à Lotte, mais je me suis dit qu'elle me répondrait seulement qu'il faut laisser les choses comme elles sont pour le moment. Pourtant je n'ai pas envie de me brûler la cervelle. Je viens d'écrire à Gotter et de lui envoyer un livre sur l'architecture.

GŒTHE.

31.

LA SŒUR DE GŒTHE A KESTNER.

Mardi, le 1 décembre 1772.

Je vous envoie ci-jointe la moitié du livre que vous avez demandé, l'autre moitié partira demain, parce que le paquet aurait été trop gros. J'ai trouvé l'exemplaire dans la chambre de mon frère. Il pourra en acheter un autre à son retour, et vous faire savoir le prix. Adieu, mon cher ami, faites mes compliments à Lotte et dites-lui que je joue tous les soirs la marche sur ma guitare et que je pense à elle.

M. Schlosser vous salue cordialement tous les deux.

GŒTHE.

32.

LA SŒUR DE GŒTHE A KESTNER.

Vendredi le 4 décembre 1772.

Je viens de recevoir votre lettre, cher ami, les deux exemplaires demandés arriveront prochainement. Écrivez-moi seulement si vous désirez que je les envoie de la même manière que l'autre exemplaire, et si la poste s'en charge. — Adieu.

Mon frère nous a écrit; il ne songe pas encore à revenir.

33.
GOETHE A KESTNER.
Reçu à Wetzlar le 8 décembre 72 et datée du 6.

Je suis encore à Darmstadt et tel que j'étais toujours. Que Dieu vous bénisse, et que tout amour et toute bonne volonté soient avec vous sur la terre. Le séjour d'ici m'a fait beaucoup de bien, mais en somme il n'y aura pas d'amélioration. *Fiat voluntas.* J'ai vu par votre lettre que vous êtes heureux et que vous n'avez point d'envie de vous brûler la cervelle. Ce qui est du reste impossible chez quiconque monte les trois marches en pierre qui conduisent à la maison de M. le bailli Buff. Qu'il plaise à Dieu de nous conserver ce bonheur, *in sæcula sæculorum*. Le peu de cas que fait Lotte de mes loyales intentions à ne pas lui écrire des lettres m'a fâché un peu, c'est-à-dire beaucoup, mais seulement peu de temps, comme je me fâche d'habitude de toutes ses petites méchancetés : ce dont la petite Dorothée Brandt, à qui Dieu veuille accorder bientôt un bon mari, m'a raillé plus d'une fois.

Les gens d'ici vous veulent tous du bien. Adieu. Ne cessez pas tant que vous m'aimez de vous souvenir de moi, et ne me refusez pas un peu de papier et quelque griffonnage que vous devez pourtant souvent dépenser pour les malheureux défauts de l'Empire.

Adressez dorénavant, mon cher ami, vos lettres à Francfort.

34.

GOETHE A KESTNER.

Reçu à Wetzlar le 13 décembre 1772.

C'est charmant, j'allais demander si la petite Léonore y est lorsque votre lettre est venue me l'annoncer. Oh! si j'y étais, je critiquerais vos causeries et je rendrais la vie dure à Schneider; je crois que j'aimerais cette demoiselle plus que Lotte. D'après le portrait, c'est une charmante fille, de beaucoup mieux que Lotte; au moins autant. Et moi, je suis libre et j'ai besoin d'aimer. Je dois tâcher d'y aller; mais cela ne vaudrait encore rien.

Me voilà de retour à Francfort, j'ai de nouveaux projets et caprices que je n'aurais pas si j'avais un amour au cœur. Adieu; écrivez-moi bientôt. Voici trois exemplaires de l'architecture; remettez les autres à de bonnes gens, à M. Schneider, par exemple, et dites-lui bien des choses de ma part.

35.

GŒTHE A KESTNER.

Reçu à Wetzlar le 16 décembre 72.

Hier au soir, cher Kestner, je me suis entretenu une heure pendant le crépuscule avec vous et Lotte. Bientôt il fit nuit, je voulus sortir. Sur cela, en tâtonnant par la porte, je me tournai trop à droite et j'y touchai du papier, c'était la silhouette de Lotte. Ce fut une agréable sensation. Je lui dis bonsoir en sortant. Je me rappelle à l'instant qu'elle doit m'envoyer l'objet en question. Mon cher Kestner, ayez soin qu'elle vous le donne, mettez-le bien dans une boîte. Qu'elle coupe un patron qui en indique la grandeur, ne lui laissez pas de repos, je ne vous écrirai pas un mot avant d'avoir reçu le peigne. Car nous sommes de pauvres hommes matériels. Je désire de nouveau avoir quelque chose d'elle, tenir dans mes mains quelque chose à elle, une marque matérielle par laquelle les biens spirituels indivisibles de la grâce, etc... ainsi qu'on dit dans le catéchisme.

Votre lettre me fait beaucoup de plaisir, cher Kestner. Envoyez-moi une silhouette de Léonore en grand. Je l'aime beaucoup. Ne me gâtez pas cette jeune personne. Depuis mon retour de Darmstadt, je suis d'assez bonne humeur et je travaille courageusement. C'est une œuvre étrange comme toujours ; qu'il en sorte ce qui pourra !

N. B. Nous cesserons tous à la fin de l'année de rédiger la *Gazette*. Je travaillerai alors d'autant plus. Répandez cette nouvelle parmi tous ceux qui prennent de l'intérêt à nous.

Dites à Lotte qu'il m'est égal qu'elle aime, hors vous, quelqu'un plus que moi ; le second ou le vingtième, c'est la même chose. Le premier a toujours quatre-vingt-dix-neuf parts du total, et c'est alors assez indifférent que quelqu'un en ait pour lui seul le centième ou qu'il le partage avec vingt autres. Mon affection pour elle a été toujours désintéressée.

Beaucoup de compliments à Caroline. Je n'ai pas vu Klinker ; mais j'en ai entendu dire plus de bien que n'en dit le critique de Francfort. Vos lettres ne risquent pas d'être brûlées. J'y ai déjà songé. Mais elles ne vous reviendront pas non plus. Je vous les léguerai quand je mourrai.

Mes compliments à Lotte quand elle aura un beau moment. Je suis votre bien affectionné

GOETHE.

L'exemplaire de la *Lettre sur l'homme* coûte 30 kr.

36.

GŒTHE A KESTNER.

Cher Kestner, j'ai reçu votre lettre au moment où je cachetais un paquet que vous aurez demain par les messageries. C'est ce qu'on appelle de l'étamine, connu aussi sous le nom de *matelot*; c'est destiné à des gilets et pantalons, pour mes deux petits garçons. Remettez-leur ce cadeau la veille de Noël. Placez à côté du cadeau une bougie, et embrassez-les de ma part, et aussi Lotte, cet ange! Adieu, cher Kestner. Votre lettre m'a causé une joie céleste. J'en ai aussi reçu aujourd'hui une de Versailles, du frère Lersen. Saluez tout le monde de ma part et gardez-moi votre affection. Adieu.

37.

GŒTHE A KESTNER.

Arrivé à Wetzlar le 26 décembre 72.

Le matin de Noël. Il fait encore nuit, cher Kestner ; je me suis levé pour allumer ma lumière et écrire. Cela me rappelle des souvenirs agréables d'un temps passé. Je me suis fait faire du café en l'honneur du jour de fête, et je veux vous écrire jusqu'à ce qu'il fasse jour. Le gardien de la tour a déjà joué son air [1] ; il m'a réveillé. Jésus-Christ soit loué. J'aime beaucoup cette saison et les cantiques qu'on chante. Le froid survenu me rend parfaitement content. Ma journée d'hier a été excellente ; je craignais pour celle d'aujourd'hui, mais elle est aussi bien commencée, et je n'ai aucune appréhension pour sa fin. J'avais déjà promis hier, dans la nuit, à mes deux chères silhouettes, de vous écrire. Elles voltigent autour de mon lit comme deux anges du bon Dieu. J'avais attaché, aussitôt après mon arrivée, la silhouette de Lotte. Pendant mon séjour

---

[1] Aux grandes fêtes telles que Noël, Pâques, la Pentecôte, les gardiens des tours jouent, de grand matin, sur une espèce de flageolet, des cantiques ou mélodies religieuses.

Note du Traducteur.

à Darmstadt, on a placé mon lit dans cette chambre et voilà que le portrait de Lotte se trouve au-dessus de ma tête. Cela m'a fait beaucoup de plaisir. La petite Léonore occupe maintenant l'autre côté. Je vous remercie, cher Kestner, pour ce charmant portrait, il s'accorde beaucoup plus avec ce que vous m'avez écrit d'elle que tout ce que je m'étais imaginé. Ainsi, ce que nous devinons, imaginons et prophétisons, ne vaut pas grand chose. Le gardien de la tour s'est tourné encore de mon côté, et le vent du nord m'apporte sa mélodie comme s'il jouait devant ma fenêtre.

Hier, mon cher Kestner, j'ai été avec plusieurs braves garçons à la campagne. Notre gaieté a été bruyante; des cris et des rires depuis le commencement jusqu'à la fin. Ordinairement ce n'est pas de bon augure pour l'heure prochaine; mais y a-t-il quelque chose que les saints dieux ne puissent pas accorder s'il leur plaît! Ils m'ont donné une joyeuse soirée: je n'avais pas bu de vin, mon œil était sans trouble pour jouir de la nature. La soirée était belle: lorsque nous rentrâmes, la nuit survint. Il faut que je te dise que mon âme se rejouit toujours quand le soleil a disparu depuis longtemps, la nuit occupant l'horizon entier, de l'orient jusqu'au nord et au sud, et qu'un cercle demi-obscur seulement luit du côté de l'occident. La plaine offre un spectacle magnifique. Quand j'étais plus jeune et plus ardent, j'ai regardé souvent, pendant mes excursions, ce crépuscule durant des heures entières. Je me suis arrêté sur le pont. La ville sombre des deux côtés, l'horizon brillant silencieusement, le reflet dans le fleuve ont produit sur mon âme une impression délicieuse que j'ai retenue avec amour. Je courus chez les Gerock, et demandai un crayon et du papier et je dessinai à ma grande joie le tableau entier aussi chaud qu'il se représentait dans mon âme. Tous partagèrent ma joie sur ce que j'avais fait, et leur approbation me rassura. Je leur proposai de jouer aux dés mon dessin ; ils ne voulurent pas et me demandèrent de l'envoyer à Merck. Il est maintenant suspendu au mur de ma chambre et me fait aujourd'hui autant de plaisir qu'hier. Nous avions passé ensemble une belle soirée comme des hommes auxquels le bonheur vient de faire un grand cadeau, et je m'endormis en remerciant les saints dans le ciel pour la joie d'enfants qu'ils ont voulu nous accorder pour la nuit de Noël. En traversant le marché et en voyant cette quantité de lumières et de jouets, je pensai à vous et à mes petits garçons ; je vous vis comme un messager du ciel, portant l'évangile bleu, entrer dans ce moment chez eux et je songeais combien ce livre ouvert les réjouirait. Si j'avais pu être chez vous, j'aurais allumé en l'honneur de la fête de grosses bougies, de sorte qu'un reflet de la magnificence céleste aurait brillé autour de leurs petites têtes. Les gardiens des portes de la ville reviennent de chez le bourgmestre et font résonner leur clés. Le premier gris du jour éclaire le sommet de la maison du voisin, et les cloches appellent la commune chrétienne. Je suis très-heureux dans ma chambre, que je n'ai pas depuis longtemps aimé autant qu'à présent. Elle est décorée des images les plus heureuses, qui me disent gracieusement bonjour : sept têtes d'après Raphaël, inspirées par l'esprit le plus vivant. J'en ai copié une et j'en suis content, mais pas trop. Mais mes chères demoiselles ! Lotte et la petite Léonore y sont aussi. Dites à celle-ci que je désire venir lui baiser les mains autant que le monsieur qui écrit des lettres si tendres. C'est un monsieur bien désagréable. Je voudrais doubler de billets doux pareils la couverture du lit de ma fille et elle dormirait aussi tranquillement là-dessous qu'un enfant. Ma sœur en a ri de tout son cœur : elle a eu dans sa jeunesse des choses pareilles. Cela doit répugner comme un œuf gâté à une jeune personne de bons sentiments. J'ai échangé le peigne contre un autre ; la couleur et la façon ne sont pas aussi belles que celles du premier, mais j'espère qu'il servira mieux. Lotte a une petite tête ; mais qu'elle tête !

Le jour arrive puissamment. Si le bonheur avance aussi rapidement, nous aurons bientôt une noce. Il me faut encore écrire une page ; avant de l'avoir écrite, je fais semblant de ne pas voir le jour.

Saluez de ma part Kielmannsegge. Qu'il me garde son affection.

Le gaillard à Giessen, qui s'occupe de nous comme la bonne mère de l'Évangile s'occupe du denier perdu, et qui recherche et demande partout après nous et dont le nom ne devait pas tacher une lettre où il y a votre nom et celui de Lotte, ce gaillard-là se fâche parce que nous ne faisons pas attention à lui, et il cherche à nous taquiner afin que nous songions à lui. Il a écrit pour demander mon livre sur l'architecture ; on reconnaissait à son empressement que cela convenait à ses dents. Il s'est aussi pressé de brocher, dans le *Journal de Francfort*, une critique dont on m'a parlé. Comme un véritable âne, il mange les chardons qui poussent autour de mon jardin, il ronge la haie qui protége le jardin contre des bêtes pareilles, et comme s'il voulait annoncer au maître qui est dans le bosquet qu'il y est aussi.

Adieu, il fait grand jour. Que Dieu soit avec vous comme

je le suis. La journée est solennellement commencée. Malheureusement je suis forcé de gâter les beaux moments en rédigeant des critiques ; mais je le fais de bon cœur, car c'est pour la dernière feuille.

Adieu et songez à moi, à cet être étrange entre l'homme riche et le pauvre Lazare.

Saluez de ma part tous mes amis et donnez-moi de vos nouvelles.

38.

LA SŒUR DE GŒTHE A KESTNER.

Lundi, le 4 janvier 73.

Mon frère m'a chargée de vous écrire qu'il vous prie de demander à M. de Kielmannsegge s'il désire maintenant un volume d'*Ossian* qui est arrivé aujourd'hui.

J'apprends avec grand plaisir de vos nouvelles, mes chers amis ; il m'est permis quelquefois de jeter un regard sur vos lettres et quand j'y vois seulement que vous êtes tous contents, je suis satisfaite. — Adieu, mon cher ami, de tout mon cœur j'embrasse Lotte, Léonore et toutes les autres chères sœurs.

Sophie.

39.

GŒTHE A KESTNER.

Notre campagne critique est finie. J'ai raillé dans un *épilogue* le public et l'éditeur, mais n'en parlez pas. Qu'ils prennent cela pour des compliments.

Si vous voulez encore essayer pour le semestre prochain, vous risquez deux florins. Écrivez-moi. Saluez de ma part ma chère Lotte et Léonore, et adieu.

Le peigne et les feuilles de l'*appendice* qui manquaient, sont partis. Vous aurez plus tard le n° 6.

40.

GŒTHE A KESTNER.

Vendredi matin.

J'ai rêvé cette nuit de Lotte. En me reveillant j'étais assis sur le lit et je pensais à toutes nos aventures, dès la première rencontre à Garbenheim [1] jusqu'à la conversation près du mur [2] à minuit, au clair de la lune, etc.

C'étaient de beaux moments dont je me souviens avec plaisir. Et comment vivez-vous à côté de votre ange ? — Je suis maintenant tout entier au dessin et ce sont surtout mes portraits qui réussissent. Les demoiselles me disent : « Oh ! si vous vous étiez occupé ainsi à Wetzlar, vous auriez apporté le portrait de Lotte ! » Je leur réponds que j'irai bientôt vous voir et vous dessiner tous. Elles disent que ce n'est pas une consolation. Mais n'importe, pourvu que ma visite vous fasse plaisir.

---

[1] Kestner vit pour la première fois Gœthe couché sous un arbre, à Garbenheim. (Voir n° 1.)

[2] L'extrait suivant du journal de Kestner explique ce passage : « Le 15 août 1772... je me suis promené avec Gœthe dans la rue, jusqu'à minuit ; un entretien remarquable, dans lequel il montra un grand dépit et exposa maintes idées fantastiques qui nous ont fait rire à la fin, appuyés contre un mur. »

Nous avons un printemps assez singulier. Je ne vois pas encore la solution de tout ce que nous avons projeté. En attendant, les espérances sont les bien-venues et le reste est sur les genoux des Dieux.

Voici un *Impressum comicum*. Un exemplaire est pour Kielmannsegge ; saluez-le de ma part. Vous remettrez l'autre exemplaire à Schneider.

(Ne prendrez-vous pas un abonnement au *Mercure allemand* dont je vous envoie l'annonce ?)

41.

GŒTHE A KESTNER [1].

Je ne puis faire autrement que d'envoyer par le courrier d'aujourd'hui encore quelques lignes à Votre Excellence, d'autant plus que nous avons réjoui aujourd'hui notre cœur de choux et de saucisse de foie. Monsieur pardonnera l'étrange format [2] de cette lettre, en lui assurant qu'elle est faite étant debout dans la chambre de la vertueuse demoiselle Gerock. Nous vous faisons savoir amicalement que notre sommeil chrétien a été troublé par des aventures étranges et fâcheuses, parce que nous avions pris hier au soir une trop grande quantité de vin.

Un bon génie nous transporta d'abord à Wetzlar, au « Prince-Royal » au milieu de convives animés, qu'un diable fatal poussa à discuter sur une philosophie encore plus fatale. Je m'y trouvais entortillé. Bientôt après, je me rappelai avec chagrin que je n'avais pas encore vu Lotte. Je montai en hâte dans ma chambre pour y chercher mon

[1] Il est impossible de rendre, dans la traduction, le style et la couleur de cette lettre. Elle est écrite dans le jargon des chancelleries d'alors; c'est du rococo épistolaire. La dernière partie est en vers rimés.

[2] Cette lettre est écrite sur une feuille in-folio.

chapeau ; mais je ne pus le trouver. Je parcourais avec angoisse et d'une façon incroyablement merveilleuse, des chambres, des salons, des jardins, des déserts, des forêts, des musées de tableaux, des greniers, des chambres à coucher, des étables à cochons, jusqu'à ce qu'enfin un bon génie sous la forme de Gaspard, garçon du « Prince-Royal » me rencontra devant une boutique d'objets de luxe, et me conduisit à travers plusieurs greniers devant ma chambre dont malheureusement la clé se trouvait égarée. Je pris alors le parti de passer par un toit et une gouttière pour entrer par la fenêtre. Il y avait danger de vertige et d'une chute avec ses conséquences. Bref je n'ai pas vu Lotte. Ainsi je ne m'endormis doucement que vers le matin et je ne me levai qu'à huit heures et demie.

Du reste, si Votre Excellence use maintes plumes dans l'intérêt de la purification de la justice du Saint-Empire romain, et se repose de ce griffonnage dans le sanctuaire de l'ordre Teutonique ; si mes garçons grimpent encore comme de petits chats, si Albrecht publie bientôt la suite du *Chrétien dans la solitude*, si Georges fait bientôt des vers comme ceux de Gotter, et si les grands garçons parviennent heureusement par l'analyse à la physique ;

Si le papa jouit de sa pipe,
Si le docteur conseiller aulique a des caprices,
Et les vend à Caroline pour de l'amour,
Si Lotte va et vient toujours,
Et si la petite Léonore, naïvement et de bonne foi,
Continue à regarder le monde ;
Si les garçons avec des tartines au miel, dans leurs mains
malpropres,

Avec des trous dans la tête, suivant la bonne vieille
     coutume allemande,
Poussent de vigoureux cris de joie,
En parcourant la maison et la cour,
Et si vos petits yeux bleus,
Regardent tout cela avec calme,
Comme si vous étiez un bonhomme en porcelaine,
(Pourtant vous êtes au fond un brave garçon,
Un amant fidèle et un ami ardent) ;
Alors laissez l'ennemi de l'Empire et des chrétiens,
Et les Russes et les Prussiens et Bélial,
Partager entre eux le globe,
Préservez seulement cette chère maison allemande
De ce grand partage,
Et faites que la route d'ici à vous
Soit sûre et égale comme l'échelle de Jacob,
Et qu'en outre notre estomac digère bien ;
Alors nous vous bénissons de cœur et de vive voix.
A Dieu seul la gloire
A moi seul ma femme,
Ainsi lui et *moi*,
Pouvons bien être satisfaits.

42.

GŒTHE A KESTNER.

Quoique la chose ci-jointe n'ait pas de valeur, je l'ai pourtant achetée pour vous, parce qu'elle fait partie de la farce et ne coûte que trois batz; Dieu vous bénisse.

43.

GŒTHE A LA SŒUR DE LOTTE.

Je vous envoie, ma chère Caroline, les échantillons du satin ; le prix et le nombre des aunes y sont marqués. Si ces échantillons vous conviennent écrivez-moi, je me chargerai de faire votre commission. Mes compliments à toute la maison allemande et gardez-moi votre affection.

Gœthe.

44.

LA SŒUR DE GOETHE A KESTNER.

Mardi, le 12 janvier 1773.

.... Ma figure vous apparaîtra prochainement d'une façon ou de l'autre; mais dites à Lotte qu'elle ne se laisse pas effrayer par le front.

SOPHIE.

45.

LA SŒUR DE GŒTHE A KESTNER.

Lundi, 18 janvier 1773.

Hier au soir, en jouant la petite chanson, je pensai qu'elle plairait peut-être à Lotte autant qu'à moi, et je me mis de suite à la copier.

Nous vivons ici très-simplement et très-gaiement. Quand nous nous réunissons le soir autour du poêle pour causer, ou quand mon frère nous fait une lecture, nous désirons souvent vous voir chez nous pour partager notre plaisir. — Adieu cher ami ; mes compliments et ceux de mes amies à toute la maison Buff.

SOPHIE.

46.

GOETHE A KESTNER.

Arrivé à Wetzlar le 19 janvier 1773.

Avant de me coucher, j'ai encore envie de vous souhaiter une bonne nuit, et à la douce Lotte à laquelle on aura souhaité déjà aujourd'hui tant de bons jours et de bons soirs. Peut-être êtes-vous réunis dans ce moment : dix heures viennent de sonner. Vous dansez peut-être. N'importe où vous êtes heureux, vous êtes aimés par moi plus que par tout autre ici bas. Moi aussi, je suis heureux ; je suis bien au dedans, car du dehors il ne me manque jamais rien.

Adieu, mes chers. Écrivez-moi souvent, mon Kestner. Je suis maintenant très-artiste, et vous savez que les artistes n'aiment pas à écrire. Vous verrez bientôt aussi de mes dessins.

47

GOETHE A KESTNER.

Arrivé à Wetzlar le 20 janvier 1773.

Nous venons de nous lever de table, et il me vient l'idée de vous dire : béni soit votre repas [1], et de vous envoyer le journal pour que vous voyiez comment il est fait.

Le public d'ici est d'avis que le ton n'a pas beaucoup changé.

Adieu, mon cher, mes compliments à Lotte, à la petite Léonore et aux garçons; je suis toujours le vôtre. Demandez à Lotte si elle veut accepter mon portrait, quand il sera fini, ce qu'il n'est pas encore. Adieu ; aussi mes compliments à Dorothée. Voilà votre Jérusalem [2].

---

[1] D'après la politesse allemande, on dit à ses voisins, en se levant de table : « Que votre repas soit béni. »

[2] Goethe renvoie les renseignements de Kestner sur la mort de Jérusalem (n° 28) après les avoir fait copier.

48.

GOETH A KESTNER.

Arrivé à Welzlar le 27 janvier 1773.

Que Dieu vous bénisse, mon cher Kestner, si vous pensez à moi. Je suis tellement habitué à recevoir vos lettres, que je ne me trouve pas à mon aise quand je me lève de table et qu'il n'y a pas de lettre.

Dites à Lotte qu'une certaine jeune fille que j'aime de tout mon cœur et que je préférerais certainement à toutes les autres si je devais me marier, est aussi née le 11 janvier [1]. Quelle belle chose que deux couples pareils ! Qui sait ce que Dieu décidera !

Dites-lui d'étudier la philosophie. Par Dieu, elle deviendra une toute autre et plus sublime créature ; des erreurs, des préjugés, etc., tomberont de ses yeux comme des écailles. Et elle sera comme une des saintes divinités.

Dites-le-lui et donnez-lui le livre. Si elle en lit une page entière je consens à manger le plus dégoûtant ragoût que puisse inventer le diable.— Je crois que Lotte se moque de moi et de vous. Elle lire un livre philosophique au milieu du carnaval ! Qu'elle s'arrange un domino et qu'elle ne

---

[1] Le 11 Janvier était le jour de la naissance de Lotte.

fasse guère attention aux caprices de Mme Reuter. — Si celle-ci était pourvue de tous les talents, et, comme dit saint Paul, si elle parlait avec la sagesse des anges et des hommes, — l'amour lui manquerait tout de même et elle ne serait qu'un métal résonnant et une cimbale retentissante.

Dites à notre Lotte d'or que je n'oublierai pas le tour qu'elle nous a joué.

Adieu. L'annonce concernant l'*Inspection* ne sera pas inscrée dans notre journal. L'éditeur craint que le diable ne soit derrière cet article. Voici le titre et la table des matières. Vous pouvez l'effacer, ainsi que les autres, je n'en ai pas besoin.

49.

GŒTHE A KESTNER.

Arrivé à Wetzlar le 29 janvier 1773. Jeudi au matin.

Ces vingt-quatre heures ont été bien étranges. J'ai paré hier au soir nos amies pour le bal, quoique je ne dusse pas les y conduire. J'avais arrangé pour une d'entre elles, en employant ses richesses, une aigrette en pierres précieuses et plumes. C'était une parure superbe.

J'aurais voulu être près de Lotte et la parer ainsi. Ensuite je fis, avec Antoinette et Anne, un tour de promenade nocturne sur le pont. L'eau avait monté et passait bruyamment, tous les bateaux se trouvaient réunis l'un près de l'autre. Nous saluâmes amicalement la chère lune tristement voilée. Antoinette trouva tout cela beau comme un paradis, et envia le bonheur de ceux qui passent leur vie à la campagne, sur des bateaux et sous le ciel de Dieu. Je lui laisse volontiers ces rêves enchanteurs, et je lui en donnerais davantage encore si je pouvais. Nous rentrâmes et je leur traduisis quelques passages d'Homère, qui est maintenant la lecture à la mode. Les autres demoiselles étaient parties pour danser. Un orage terrible me réveilla à minuit. Il secouait et ébranlait tout ; je songeai aux bateaux et à Antoinette, et je me trouvai parfaitement à mon aise dans mon lit civilisé. A peine m'étais-je rendormi, que le bruit du tambour et les cris au feu ! me réveillèrent de nouveau. Je m'élançai vers la fenêtre et je vis une vive lueur au loin. Je m'habillai et j'y courus. Le toit d'une vaste maison était enveloppé des flammes, — et les poutres qui brûlaient, et les étincelles qui volaient, et la tempête qui sévissait, faisait onduler le feu et emportait les nuages... C'était un spectacle émouvant. L'incendie descendait toujours et se propageait, je courus à notre grand'-mère qui demeurait tout près ; elle était en train de déménager son argenterie. Nous mîmes tous les objets précieux en sûreté et nous attendîmes la fin. Cela dura de une heure jusqu'en plein jour. La maison avec ses bâtiments latéraux et de fond, tout s'est écroulé. L'incendie est étouffé, mais pas vaincu ; cependant on s'en rend maître et il ne reprendra pas. Maintenant que votre repas soit béni.

J'ai les sens un peu fatigués comme si j'avais dansé, et j'ai d'autres images dans la tête. Comment mes danseuses seront-elles revenues ? Adieu, chère Lotte et cher Kestner.

50

GŒTHE A KESTNER.

Arrivé à Wetzlar le 6 février 1773.

Je n'ai que de bonnes nouvelles, mon cher Kestner; vos perruques sont des têtes obstinées jusqu'à ce que l'eau leur passe au-dessus la tête. Qu'ils continuent leur inspection et que leur bon génie prêche souvent à ces messieurs, sur le texte de Salom. ch. 7, v, 17 [1]. Ainsi, tout ira bien. Préparez-vous, mon cher Kestner. Je ne viendrai pas à la noce, mais je vivrai gaiement après. Le bonheur de Kielmannsegge me fait beaucoup de plaisir, ainsi qu'à tous ceux qui le connaissent par moi. Félicitez-le de ma part.

J'ai reçu en même temps que votre lettre l'avis que Merck va venir. Il arrivera aujourd'hui, vendredi matin, avec Leuschenring. En outre, nous avons une glace superbe pour patiner en l'honneur du soleil. J'ai exécuté, hier, des rondes de danse. J'ai encore d'autres sujets de joie que je ne puis pas dire. Ne vous en inquiétez pas ; je suis presque aussi heureux que deux personnes qui s'aiment comme vous; il y a en moi autant d'espérance qu'il y en a

[1] Ne sois pas trop juste ni trop sage pour que tu ne te ruines pas.

chez des amoureux ; j'ai même depuis pris plaisir à quelques poésies et autres choses pareilles. Ma sœur vous salue, mes demoiselles vous saluent, mes dieux vous saluent, nommément le beau Pâris à ma droite et la Vénus d'or de l'autre côté, et Mercure le messager qui se réjouit des courriers rapides, et qui attacha hier à mes pieds ses belles et divines semelles d'or, qui le portent, avec le souffle du vent, à travers la mer stérile et la terre sans limite. Et ainsi les personnages chéris du ciel vous bénissent.

81.

GOETHE A KESTNER.

Arrivé le 7 février 1773.

Merck est ici, mon cher Kestner, il vous salue, vous et Lotte; il a apporté le *novum* ci-joint que je vous envoie. Procurez-moi donc les feuilles du journal hebdomadaire de Giessen, qui contiennent la lettre de Zimmermann sur son entretien avec le roi. Ce sont les premiers numéros de l'année; saluez de ma part Léonore et mes petits garçons.

52.

GŒTHE A KESTNER.

Arrivé à Wetzlar le 12 février 1773.

Votre lettre m'a bien réjoui après un si long silence : c'est bien, que tout soit ainsi.

Je plains les Reuters et aussi Lotte.

Merck est parti ; il a mis du papier neuf sous la silhouette de Lotte ; c'est d'un bleu si beau qu'on dirait un reflet du ciel. J'ai causé hier longtemps avec mon père à son sujet ; il m'a demandé à la fin si Kestner ne l'amènerait pas bientôt ici pour qu'on puisse faire sa connaissance.

Je prépare maintenant un ouvrage assez considérable pour l'impression. Je viendrai vous en faire lecture quand il sera terminé.

Je vous enverrai prochainement un *novum* fort curieux. La jeune personne salue Lotte ; son caractère ressemble beaucoup à celui de Léonore ; ma sœur m'assure aussi que sa silhouette lui ressemble. Si nous nous aimions autant que vous deux... — Cependant je l'appelle ma petite femme chérie, car elle m'a gagné dernièrement, lorsque les dames de la société nous jouèrent aux dés, nous autres garçons. Elle devait faire 17 ; elle commençait à perdre courage, mais elle fit heureusement tous les six. Adieu mon vieux ; rappelle-moi souvent au monde que tu vois.

83.

GOETHE A KESTNER.

J'ai fait divers essais, mais Mez a tenu bon obstinément. Il a enfin rabattu les kreutzers. Voici les comptes.

Le *Mercure* et le paquet pour Boie arriveront vendredi.

Que tous les bons génies bénissent votre voyage. Je suis assez occupé et fort gai. La solitude me convient. Qui sait combien de temps elle durera? Adieu, ma chère Lotte; maintenant très-sérieusement adieu.

N. B. A cette lettre était jointe une note acquittée du marchand de papier Mez, à Francfort, sous date du 11 février 1773; n'ayant aucune importance, elle n'a pas été insérée.

54.

GŒTHE A KESTNER.

Arrivé le 23 février 1773.

Vous danserez. Soyez heureux. Tout autour de moi danse : ceux de Darmstadt, ceux d'ici ; enfin tout le monde. Et moi, je suis assis sur ma tour.

Rappelez-moi à Lotte pendant le bal ; sinon, qu'elle me rappelle à vous pour vous punir. Ne devenez pas paresseux en correspondance. Mes compliments à Kielmannsegge. Adieu.

G.

55.

GŒTHE A KESTNER.

Arrivé à Wetzlar le $\frac{26}{2}$ 73.

Bien vous a pris de m'écrire, sans cela je vous aurais dénoncé auprès de Lotte ; c'est là ce qui m'a trotté dans la tête sur ma tour.

C'est le diable quand on doit se suffire seul en tout et qu'on se manque à soi-même à la fin.

Je suis mal à mon aise depuis quelques jours. Cependant je suis gai et je continue mon travail. Je ne veux pas songer à votre sort et à votre départ. Vous auriez mieux fait de ne m'en rien dire. Cela me fait de la peine. *Fiat voluntas.*

Saluez de ma part l'ange, et que Dieu soit avec vous.

56.

GOETHE A KESTNER.

Arrivé à Wetslar le 16 mars 73.

Je vous remercie, mon cher Kestner, pour vos nouvelles et pour tout. Voici une lettre pour Hans. Je l'invite à m'écrire une fois par semaine comment vous vous portez dans la maison allemande, car vous êtes dans des circonstances où l'on ne va pas cueillir des fleurs. Pourtant, je ne puis pas m'en passer, et je conserverai aussi un rapport avec la maison allemande quand vous aurez volé la plus belle pierre de la bague, car c'est pour elle que je les aimerai pendant tout le reste de ma vie et que leurs figures me seront comme des apparitions des dieux.

Adieu; ainsi votre sort est doucement balancé comme une nacelle qui aborde la rive, tandis que l'orage secoue la flotte où je sers. Mon vaisseau me cause les moindres soucis. Des destins divers attendent vers le printemps et l'été prochains ceux que j'aime le plus. Et moi, je gaspille le temps, ce qui est aussi un art. Adieu.

57.

GOETHE A HANS.

Mon très-cher Hans,

Votre lettre à votre chère sœur m'a fait tant de plaisir que je ne puis pas résister plus longtemps à l'envie de vous écrire pour vous prier de me donner au moins une fois par semaine des nouvelles et m'informer de ce qui se passe dans votre maison.

Je vous le demande au nom de notre vieille amitié, qui restera aussi solide dans l'avenir que dans le passé. Vous savez combien tout ce qui vient de la maison allemande est cher à mon cœur.

J'ai été pendant assez de temps près de vous comme votre cousin et peut-être plus que cela. C'est pour cela que je vous engage à m'écrire, sans y manquer, une fois par semaine ce qui se passe, pour que j'apprenne aussi la conduite de mes petits amis. Vous les saluerez tous de ma part. Recommandez-moi à Caroline, à la petite Léonore et à Lotte des centaines de fois quand elle reviendra.

Tout à vous.

GOETHE.

58.

GŒTHE A KESTNER.

Merck est parti; j'attends Herder et vous vous en allez aussi. Adieu, mes amis. Wieland écrit mieux qu'il ne fait les commissions. Je n'ai pas encore les numéros du *Mercure*; ce qui me fâche énormément. Vous aurez le *manuscrit* de Falke, l'*appendix* qui vous manque, et tout. Voulez-vous vous charger d'un petit paquet pour Boje, quand même vous ne passeriez pas par Gœttingue? Que Dieu vous conduise. Mon bon génie m'a inspiré le courage de supporter encore tout cela. Je suis plus calme que jamais.

59.

GOETHE A KESTNER.

C'est bien mal et impoli de votre part que de ne pas me charger de la commission concernant les bagues d'alliance, comme si ce n'était pas naturel que je m'en chargeasse. Malgré vous et malgré le diable qui vous a conseillé de me priver de ce bonheur, je vais les commander et avoir soin qu'elles deviennent belles comme les couronnes des élus. Adieu. Ne parlez pas de moi à votre ange. Hans se conduit bien, remerciez-le. Adieu.

60.

GOETHE A KESTNER.

Ce n'est pas ma faute si vous n'avez pas déjà depuis huit jours les bagues. Les voilà; je pense qu'elles vous plairont. Quant à moi, j'en suis content. Ce sont déjà les secondes. Ce gaillard m'en envoya, il y a huit jours, deux très-mal faites. « Allez-vous-en, lui dis-je, et faites-en d'autres. » Je pense que celles-ci sont bien réussies. Qu'elles soient les premiers anneaux de cette chaîne de félicités qui vous attachera à la terre comme à un paradis. Je suis le vôtre, mais dès à présent je ne suis guère curieux de voir ni vous ni Lotte. Aussi sa silhouette sera emportée de ma chambre le premier jour de Pâques, qui sera probablement le jour de votre mariage, ou même dès après-demain, et elle n'y sera de nouveau suspendue que quand j'apprendrai que Lotte est mère. Une nouvelle époque commencera alors, et je ne l'aimerai plus, mais j'aimerai ses enfants, un peu, il est vrai, à cause d'elle; mais cela ne fait rien, et si vous me demandez d'être parrain, mon esprit reposera doublement sur le petit garçon. Je veux qu'il devienne fou pour les jeunes personnes qui ressembleront à sa mère.

Le dieu Hymen se trouve par un beau hasard sur le revers de ma lettre [1].

Soyez donc heureux et partez. Vous ne passerez pas par Francfort, et j'aime cela, car je m'en irais si vous y veniez. Donc, pour Hanovre, et adieu. J'ai enveloppé et cacheté la bague de Lotte comme vous l'aviez commandé. Adieu.

N. B. — La lettre suivante était jointe à la précédente.

---

[1] Il y a sur le revers de cette lettre un dessein au crayon, à peine encore visible, fait par Gœthe, probablement d'après un modèle antique, et représentant le dieu Hymen portant un flambleau.

61.

GŒTHE A LOTTE.

Que mon souvenir soit toujours avec vous, comme cette bague, dans votre bonheur. Ma chère Lotte, nous nous reverrons au bout de longues années; vous aurez encore cette bague au doigt et je serai encore votre...

Je ne trouve pas de nom ni de titre pour signer; mais vous me connaissez.

Adresse

A Charlotte Buff,

qui fut autrefois la

chère Lotte

à remettre

dans la Maison Allemande.

62.

GŒTHE A KESTNER.

Que Dieu vous bénisse, car vous m'avez compris. J'ai voulu faire, vendredi saint, un tombeau et y ensevelir la silhouette de Lotte. Mais elle est encore suspendue et elle y restera jusqu'à ma mort. Adieu. Saluez de ma part votre ange et Léonore. Que celle-ci devienne une seconde Lotte et qu'elle soit aussi heureuse. Je marche à travers des déserts où il n'y a pas d'eau. Mes cheveux me donnent de l'ombre et mon sang est ma fontaine. Cependant je vois avec plaisir votre vaisseau, pavoisé de drapeaux bariolés, entrer le premier au port au milieu des cris de joie. Je ne partirai pas pour la Suisse. Je suis votre ami et celui de Lotte au-dessous et au-dessus du ciel de Dieu.

63.

GOETHE A KESTNER.

Aussitôt que vous m'avez annoncé que Kielmannsegge était ici, je l'ai envoyé chercher dans la plupart des auberges, mais je n'ai pu le découvrir. Pottozelli me dit qu'il était parti, ayant entendu dire que je n'étais pas ici. Dites-lui qu'il n'aurait pas dû s'en aller comme cela. J'étais de retour lundi, et il est parti mercredi. J'ai pensé justement à lui ce jour-là, et j'ai désiré le rencontrer. Dites-lui que la première partie de notre contrefaçon d'*Ossian*, laquelle contient *Fingal*, est terminée. Elle coûte 36 kr. Je la lui enverrai avec les autres choses, si cela lui plaît, et je réclamerai mon *Ossian*. Je ne sais pas si je ne vous ai pas déjà prié, dans une lettre antérieure, d'emporter quelque chose pour Boje. Mandez-moi le jour de votre départ. Comment va votre ange? J'entretiens un grand commerce avec elle. Sa silhouette est attachée à l'aide d'épingles au mur, et je perds presque toutes les épingles : si j'en ai besoin d'une, en m'habillant, j'en emprunte presque toujours une à Lotte, et je lui en demande toujours la permission, etc.

Il y a une chose qui me fâche. J'ai fait à Wetzlar une poésie que, de droit, personne ne devrait comprendre mieux que vous. Je voudrais bien vous l'envoyer, mais je n'en ai aucune copie. Boje en a reçu une par l'intermédiaire de Merck, et je crois qu'elle sera insérée dans l'*Almanach des Muses*. Elle a pour titre : *le Voyageur*, et commence par ces mots : « Que Dieu te bénisse, jeune femme ! » Vous l'auriez reconnue de suite, même sans cela.

Du reste, mon cher K., Lotte sait combien je l'aime. Adieu.

G.

64.

GOETHE A KESTNER.

J'ai oublié, mon cher Kestner, de vous envoyer les appendix par le dernier paquet. Le n° 6 n'a, par mégarde, jamais été imprimé. Adieu. Gardez-moi votre affection et écrivez-moi comment vous vous êtes trouvés en route, vous et votre ange. Adieu, je vous enverrai le manuscrit de Falke. Faites-lui mes excuses.

65.

GŒTHE A KESTNER.

Arrivé à Wetzlar le 12 avril. 73.

Vous faites bien, Kestner, de me prendre au mot. Oh! l'excellent homme! « Mais vous ne voulez plus rien entendre de nous. » C'est vraiment beau! Il est vrai que je ne voulais plus rien savoir de vous, parce que j'ai su que vous ne voudriez pas m'écrire. Autrefois, mon bon monsieur, la journée était à votre prince, la soirée à Lotte et la nuit à moi et à mon frère le sommeil. La nuit se confond maintenant avec la soirée, et le pauvre Gœthe doit s'en accommoder comme toujours. Cela vous plaît-il ainsi?

Pourtant je ne veux pas dire que je me donnerais au diable si je devais vous y mener d'abord. Donc, bonne nuit, monsieur Kestner et madame Kestner.

J'aurais ainsi fini ma lettre par ce trait si j'attendais dans mon lit quelque chose de plus agréable que mon frère. Voyez donc, mon lit est aussi stérile qu'un champ de sable, et j'ai eu aujourd'hui une belle journée, si belle que le travail, la joie, le désir, et la jouissance se sont confondus; si belle que, quand est venu le soir étoilé, tout mon cœur a été plein du souvenir de ce merveilleux moment où je jouais, assis à vos pieds, avec la garniture de la robe de

Lotte. Hélas! ce cœur qui ne devait plus jouir, même de *cela*, il me parla d'un *au delà ;* non pas d'un au delà des nuages, mais des montagnes. Avoir pu quitter Lotte, je ne comprends pas encore comment c'était possible. Car, voyez bien, ne soyez pas aveugle et sourd. Si quelqu'un vous disait maintenant, ou vous avait dit, avant ou après, de quitter Lotte, — qu'auriez-vous fait? — Cette question est inutile. — Eh bien, moi aussi je ne suis pas de bois et pourtant je suis parti ; dites, est-ce de l'héroïsme ou qu'est-ce ? Je suis content et mécontent de moi. Cela m'a coûté peu, et pourtant je ne comprends pas comment j'ai pu le faire. — C'est là la question.

Nous parlâmes sur ce qu'il y avait au delà des nuages. Je ne le sais pas, mais je sais que le bon Dieu, en vous laissant Lotte, doit être un homme d'un grand sang-froid. Si je meurs, et si j'ai quelque influence là-haut, je vous la prendrai certainement. C'est pourquoi priez bien pour ma vie et ma santé; et si je meurs, apaisez mon âme par des larmes, des sacrifices et d'autres choses pareilles. Autrement, les choses iront mal, Kestner, vous risquez beaucoup.

Je ne sais pas pourquoi je suis assez fou pour vous écrire toutes ces choses justement à l'heure où vous êtes à côté de Lotte et ne songez guère à moi. Cependant, je veux bien me satisfaire d'après les lois de l'antipathie : nous fuyons ceux qui nous aiment et nous aimons ceux qui nous fuient.

68.

GOETHE A KESTNER.

Arrivé le 13 avril 73.

J'ai cacheté vite la lettre d'hier au soir. Je vais parler de votre *Pro Mem*.

Servez-vous du supplément comme vous voudrez. Si vous voulez faire relier les journaux, pourquoi y ajouteriez-vous les stupidités concernant les affaires de l'Empire? Le journal a été arrangé tout exprès pour qu'on pût jeter celles-ci. Aussi le volume deviendra trop gros. Cependant je redemanderai après les numéros.

Est-ce que M. de Hille désire avoir un *Mercure* à lui tout seul? Et Falke? Prendra-t-il maintenant seul l'exemplaire que vous aviez voulu partager avec lui?

Les *Plays* se trouvent dans mes mains. Il fait aujourd'hui si beau temps que je voudrais me promener avec vous. Adieu, saluez de ma part le petit Hans.

67.

GOETHE A KESTNER.

Mercredi. J'ai manqué hier Annette et je veux y aller maintenant. J'ai craint que ce ne fût vous et que vous vouliez m'attraper. Car je pars demain pour Darmstadt et alors tout le monde aurait eu de la peine. Annette vous apportera vos *Plays*. Il y a aussi un paquet pour le petit Hans. J'ai encore le billet de souscription aux gravures bibliques; je le garderai et quand les gravures paraîtront vous en disposerez. Annette vous apportera aussi 2 fl. 30 kr. que Caroline vous rend. La grande bague a coûté un ducat, la petite 3 fl. 30. Elle vous apportera aussi la vôtre. Je garderai la bague en grenat de Lotte. Je l'ai vue longtemps à son doigt et c'est là que je l'ai baisée mille fois. Elle restera parmi mes bijoux et quand j'aurai une bonne amie, elle la portera. Saluez de ma part votre ange et cette chère Léonore, et écrivez pour le *Mercure* à ma sœur qui vous salue.

Annette est bonne et aimable; elle m'a apporté le bouquet de mariage de Lotte et je m'en suis paré aujourd'hui. J'entends dire que Lotte est aujourd'hui encore plus belle, plus aimable et meilleure qu'autrefois. En tout cas, ce n'est pas gentil de votre part de n'être pas venu avec Annette. Saluez de ma part Léonore et son amie Dorothée. Annette m'a raconté tout : comme elles sont couchées ensemble et partagent tout, excepté les amants, comment le quasi conseiller aulique continue d'être un âne, etc. Elle m'a tout raconté, et cela m'amuse autant d'entendre parler de vous que, comme je le désirais autrefois, de cueillir des groseilles et de secouer des pruniers demain, après-demain, et durant toute ma vie[1]. Saluez de ma part Schneider, s'il se souvient encore de moi, et Kielmannsegge. Potocelli m'a apporté hier, à la foire, un compliment de celui-ci. Nous avons ici un écuyer, qui a le diable au corps, en outre des comédies et des marionnettes. Dites à Lotte que je lui aurais fait voir tout cela si elle était venue; mais peut-être vaut-il autant qu'elle ne soit pas venue. — Oh! les ombres et les marionnettes!

[1] Il semble que le passage cité par Gœthe dans *Vérité et Poésie* page 117, vol. 22 des OEuvres complètes, édition de 1840, ait déjà occupé dans ce temps son esprit, ce qui prouve une coïncidence intéressante entre sa jeunesse et sa vieillesse.

68.

GOETHE A KESTNER.

Arrivé à Wetzlar le 16 avril 73.

Je ne demande pas autre chose, mon cher Kestner, c'était ce que je désirais et ce que je n'ai pas voulu demander, car c'est la spontanéité qui donne aux cadeaux de l'amour toute leur valeur. Comment, moi, vous éconduire du milieu de votre bonheur auprès de votre Lotte; moi qui aime mieux la voir à vous qu'à n'importe qui au monde, et qui vous souhaite tous les biens que me refusent les dieux! Mais ce que je ne trouve pas gentil de votre part, c'est que vous piquez avec la spadille et que vous me faites une grimace railleuse parce que le bonheur a mêlé vos cartes, et que vous vous couchez ensuite à côté de votre femme. Vous devriez vous dénoncer à Lotte et la faire juge.

C'est seulement depuis votre mariage que vous m'appelez envieux et moqueur, etc. Mon cher, il faut me passer mes caprices. J'ai été avec Annette au théâtre. Il est bon que je parte demain pour Darmstadt; sans cela, je deviendrais amoureux d'elle. Sa présence a de nouveau ressuscité violemment tous les souvenirs et m'a rappelé toute ma vie parmi vous; je pourrais vous dire tout, même la toilette et les attitudes. Je me suis rappelé tout si vivement. Elle vous en dira ce qu'elle pourra. O Kestner! quand vous ai-je envié Lotte dans le sens humain? car, pour ne pas vous l'envier dans le sens saint, je devrais être un ange sans poumons et sans foi. Je dois pourtant vous révéler un secret pour que vous voyiez et que vous reconnaissiez. Lorsque je me suis attaché de tout mon cœur, comme vous savez, à Lotte, Born m'en parla *comme on parle de choses pareilles*. « Cela ne me conviendrait pas, si j'étais K...; quelle en sera la fin? Tu es peut-être capable de la lui souffler, etc. » Je lui répondis dans sa chambre un matin en ces termes : « J'ai la folie de croire cette jeune personne une femme supérieure. Si elle me trompait et était par conséquent une créature ordinaire; si K... n'était que le fond de son commerce, pour qu'elle puisse avoir plus de sûreté et tirer profit de ses charmes, alors le premier moment qui me révélerait cela et qui l'approcherait de moi, serait aussi le dernier de notre connaissance. » Je confirmai cette réponse par un serment. Entre nous, et sans me vanter, je suis un peu connaisseur en femmes. Et vous savez quels sont les sentiments que j'ai gardés pour elle et que je garderai jusqu'à la fin du monde pour tout ce qu'elle a vu, touché et où elle a passé. Voyez maintenant comment je suis envieux et jusqu'à quel point je dois l'être. Car, ou je suis un fou, ce qui est difficile à croire, ou elle est la plus rusée intrigante, ou enfin elle est... — Lotte, cette même Lotte dont il est question. —

J'irai demain à pied à Darmstadt; les restes de son bouquet de mariage sont attachés à mon chapeau. Adieu. Je quitte Annette avec peine. Quelles seraient mes peines si je partais de chez vous! C'est mieux comme cela. Seulement je suis fâché de n'avoir pas fait son portrait; mais il est vivant dans mon cœur et dans ma tête. Adieu. Je n'ai qu'un cœur rempli de désirs. Bonne nuit, Lotte. Annette dit aujourd'hui que j'avais toujours prononcé d'une manière si belle le nom de *Lotte. Prononcé!* me suis-je dit.

69.

GŒTHE A KESTNER.

Arrivé à Wetzlar le 25 avril 73.

Merci, Kestner, pour vos deux lettres, qui m'ont été fort agréables, comme tout ce qui vient de vous, surtout à présent. Je suis encore préoccupé de la mort d'une amie qui nous était bien chère. Elle a été enterrée ce matin et je suis toujours près de sa tombe ; je m'y arrête pour y donner le souffle et la chaleur de ma vie, pour y être comme la voix de la pierre qui s'adresse à l'avenir. Mais, hélas! il m'est défendu de poser une pierre sur sa tombe, car je ne veux pas lutter contre toutes sortes de niaiseries et de cancans.

Mon cher Kestner, tu tiens dans tes bras une corne d'abondance de vie. Que le bon Dieu t'en prolonge la jouissance! Ma pauvre vie se refroidit comme un rocher désert. Tout le monde part cet été. Merck va avec la cour à Berlin ; sa femme se rend en Suisse ; ma sœur, Mlle Flachsland, et tout le monde s'en va, et moi je reste seul! Si je ne prends pas femme, ou si je ne me pends pas, vous pouvez dire que j'aime beaucoup la vie, ou cherchez quelque autre supposition qui me fasse plus d'honneur.

Adieu, mille saluts à votre ange.

70.

GŒTHE A HANS.

Je vous envoie, mon cher Hans, quelque chose que j'ai acheté à la foire; c'est probablement assez pour en faire un gilet ou des culottes. Ecrivez-moi sans façons, si cela ne suffit pas. Souvenez-vous de moi quand vous le porterez ou quand vous parcourrez les champs, quand vous irez à la chasse ou quand vous vous amuserez ailleurs. Baisez pour moi la main de Lotte, embrassez Léonore et des centaines de fois les petits pour votre ami.

GOETHE.

71.

GŒTHE A HANS.

Cher monsieur Hans, je vous remercie cordialement de votre souvenir. Ne vous lassez pas de m'écrire. Je suis quelquefois très-solitaire, et alors une charmante petite lettre me fait beaucoup de plaisir. Que Dieu vous en récompense, puisque je ne le puis moi-même; qu'il vous fasse grand et fort et aussi heureux que vous êtes bon.

GŒTHE.

72.

GŒTHE A KESTNER.

Arrivé le 30 avril 75, Darmstadt, dimanche.

Mon cher Kestner, vous savez qu'il ne m'est jamais possible de raconter ma vie en détail, et peut-être aujourd'hui moins que jamais. Oh! ç'a été aujourd'hui une journée folle et étrange! Et vous étiez assis si tranquillement près de Lotte!

Dans une quinzaine nous serons tous dispersés, et cela va en si grande hâte que je ne sais pas où en est ma tête, ce que je dois espérer ou craindre. Que Dieu pardonne aux génies qui se jouent ainsi de nous sur la tombe. Mais je n'en veux plus rien savoir, je veux tout oublier. Oubliez tout dans les bras de Lotte et vaquez ensuite à vos occupations journalières; jouissez du soleil, et que mon affection vous soit présente dans vos heures de repos.

J'ai reçu la lettre de Hans et votre *post-scriptum*. Dites-lui de donner plus de détails. Il pense qu'il ne doit me rapporter que des *choses remarquables*. Est-ce que tout n'y est pas remarquable?

73.

GŒTHE A KESTNER.

Arrivé à Wetzlar le 5 mai 73.

Mon cher Kestner, je suis de retour à Francfort, grâce à Dieu! Nous avons eu des scènes curieuses, et l'ivresse sera bientôt passée.

Que faites-vous et combien de temps resterez-vous encore?

Mademoiselle Flachsland est mariée avec Herder. En savez-vous déjà quelque chose? J'ai assisté avant-hier au mariage et je suis allé les voir hier.

Je vous envoie le *Mercure* en double ; arrangez-vous pour que j'en puisse toucher le prix de 9 fl. pour les deux exemplaires.

Adieu, mon cher, embrassez aussi une fois Lotte de ma part. Adieu.

74.

GŒTHE A HANS.

Lotte est maintenant partie. J'y prends autant de part que qui que ce soit de la famille. Mais, mon cher Hans, malgré cela nous ne suspendrons pas notre correspondance. Vous aurez toujours plus tôt des nouvelles de Lotte que moi ; communiquez-moi tout fidèlement. Saluez de ma part cette chère petite Léonore et dites-lui, puisque Lotte est partie et qu'elle est pour vous une seconde Lotte, qu'elle le soit aussi pour moi, et que je désire vivement la voir.

Je viendrai cet été, si c'est possible. Adieu, mon cher Hans.

Rappelez-moi au souvenir de papa, et embrassez de ma part les petits garçons.

Si votre sœur Caroline se souvient de moi, baisez-lui la main et embrassez pour moi Sophie et la petite Amélie.

G.

75.

GOETHE A HANS.

Je vous remercie, mon cher Hans, pour votre excellente lettre. Envoyez l'incluse à Kestner, faites mes compliments à papa et à tous les autres, et gardez-moi votre affection.

GOETHE.

76.

GŒTHE A KESTNER.

Arrivé à Hanovre le 18 juin 73.

Votre lettre m'a amusé; j'avais déjà eu, par l'intermédiaire de Hans, quelques-unes de vos nouvelles. J'ai fait cette nuit un rêve curieux au sujet de Lotte. Je lui donnais le bras en la conduisant le long de l'allée et tout le monde s'arrêtait et la regardait. Je pourrais dire le nom de plusieurs des personnes qui s'arrêtèrent et nous regardèrent. Tout à coup elle enveloppa sa tête d'un capuchon, et tout le monde fut très-étonné. (Cette circonstance provient de la lettre du petit Hans, qui m'avait écrit la scène de Minden.) Je la priai de rejeter le capuchon ; ce qu'elle fit. Et ses yeux me fixèrent. Vous savez ce qu'on ressent quand elle vous regarde. Nous pressâmes le pas. Le monde nous regardait comme auparavant. « Lotte, lui dis-je, Lotte, que ces gens n'apprennent pas que tu es la femme d'un autre. » Nous arrivâmes à un endroit où l'on dansait, etc., etc.

C'est ainsi que je passe mon temps en rêvant ; je m'occupe de vilains procès, j'écris des drames, des romans et autres choses de ce genre. Je dessine, je modèle en cire et tout cela en hâte. Et vous, vous êtes béni comme l'homme qui craint le Seigneur. Il y a des gens qui disent que la malédiction de Caïn pèse sur moi. Pourtant je n'ai pas tué un frère ! Je pense que ces gens-là sont fous. Voici, mon cher Kestner, une partie de mon ouvrage. Tu en feras la lecture à ta petite femme quand vous vous recueillez en Dieu et fermez votre porte.

N. B. Madame l'archiviste (je pense que c'est le véritable titre), n'a pas, j'espère, par orgueil, abandonné sa camisole aux raies bleues, ou n'en a pas fait cadeau à une de ses petites sœurs. J'en serais bien fâché : car il semble que j'aime cette camisole presque plus que Lotte elle-même ; du moins la camisole se présente souvent à mon esprit, quand les traits de celle qui la porte ne peuvent se dégager du brouillard de l'imagination.

77.

GOETHE A HANS.

Il y a, mon cher Hans, diverses affaires qui me déterminent à vous écrire. D'abord je vous demande comment tout le monde se porte chez vous. Il y a bien longtemps que je n'aie eu des nouvelles de la maison allemande.

Ensuite j'ai des commissions à vous donner ; si vous les exécutez bien, vous serez un jour l'agent des princes-électeurs, des princes des États de l'Empire.

1° envoyez la lettre ci-jointe à Kestner.

2° Vous aurez la complaisance d'aller chez le conseiller aulique Sachs, et de lui dire : « Voici une lettre pour M. de Kielmannsegge, auriez-vous la bonté de la lui remettre? M. le Baron m'avait écrit d'envoyer mes lettres à M. le Conseiller aulique. »

3° Demandez à M. de Hille, si M. Kestner lui a remis une première partie du *Mercure allemand*. S'il l'a reçue, je lui demande le demi-louis d'or, et j'enverrai de suite la deuxième partie par les messageries à Wetzlar.

4° Demandez à papa s'il a lu un morceau du drame qui a pour titre, *Gœtz de Berlichingen*.

5° Saluez de ma part tous les habitants de la maison allemande, Léonore, Caroline, Dorothée et Annette, et demandez-leur si elles se souviennent encore de moi avec estime et affection. Embrassez aussi de ma part tous les enfants et écrivez-moi bientôt.   GOETHE.

78.

GŒTHE A KESTNER.

Arrivé à Hanovre le 21 septembre 73.

Vous aurez toujours de mes nouvelles, mon cher Kestner. Car je me fierai durant toute ma vie à vous et à votre femme, que Dieu bénisse, et à laquelle il veuille donner autant de joies qu'elle en mérite. Un avancement ne peut pas vous manquer. Vous êtes de cette espèce d'hommes qui grandissent et prospèrent sur terre, de ces hommes justes qui craignent Dieu. C'est pour cela qu'il t'a donné une femme vertueuse qui prolongera ta vie. Je travaille beaucoup, et si j'ai de la chance, vous aurez bientôt encore un ouvrage d'un autre genre. Je voudrais que Lotte ne fût pas indifférente à l'égard de mon drame.

Je possède déjà quantité de couronnes, composées de diverses feuilles et fleurs, même des fleurs italiennes. Je les ai essayées toutes alternativement devant la glace, en riant de moi-même. Les dieux m'ont envoyé ici un sculpteur, s'il trouve de l'ouvrage, comme nous l'espérons, je m'occuperai beaucoup de lui.

Saintes Muses, présentez-moi vos vases contenant l'*aurum potabile* et l'*élixir vitæ*. Je languis. Oh! quel travail que de creuser des puits dans les déserts et d'y construire une chaumière. Et mes perroquets que j'ai élevés, qui causent avec moi; ils tombent malades et baissent leurs ailes.

Aujourd'hui il y a un an, c'était tout autrement. Je jurerais qu'à cette même heure, l'année dernière, j'étais assis à côté de Lotte. Je fais de ma situation le sujet d'un drame que j'écris en dépit de Dieu et des hommes. Je sais ce que dira Lotte quand elle le lira, et je sais ce que je lui répondrai. Écoutez, vous me rendriez un service à moi et peut-être à diverses autres personnes si vous vouliez vendre quelques exemplaires de *Gœtz*. M. Boje en a; marquez-lui combien vous en voulez, je lui ai écrit de vous en remettre autant que vous demanderez. Vendez-les ensuite à douze bons groschen et notez vos frais de poste. Merck en est l'éditeur, mais il est à Saint-Pétersbourg, et moi, je n'ai pas le talent qu'il faut à un libraire. Je crains que le livre ne se vende pas, sans cela il pourrait arriver que vous n'ayez pas encore un exemplaire dans six mois. Écrivez-moi donc où je dois adresser les secondes livraisons du *Mercure* et d'où me viendra l'argent. Si diverses choses réussissent d'après mon idée, j'enverrai bientôt à Lotte une boîte où il n'y aura ni confitures, ni articles de toilette, ni livres; par conséquent, jouissez de votre bonheur. Votre contentement et vos espérances me font du plaisir. Si vous tenez à avoir de mes nouvelles, écrivez-moi souvent.

79.

GŒTHE A HANS.

Remettez, mon cher Hans, la deuxième partie du *Mercure* à M. de Hille; Kestner a emporté la première par mégarde à Hanovre. M. de Falke la rapportera à M. de Hille. Je demanderai ensuite de m'en envoyer le prix.

Donnez le drame ci-joint à papa; et quand lui, et peut-être les sœurs l'auront lu, donnez-le à Annette et à Dorothée. Saluez tout le monde de ma part.

Je suis toujours

l'ancien docteur Goethe,

Qui vous souhaite que vous gagniez tous les prix que vous méritez.

80.

GOETHE A KESTNER.

Je souhaite succès à toutes vos entreprises, et toutes les joies de la vie à votre femme.

Je ne puis pas vous blâmer d'aller dans le monde et d'y faire connaissance avec des gens distingués et haut placés. Le commerce avec les grands profite toujours à celui qui sait s'en servir avec mesure. C'est ainsi que j'estime la poudre, parce qu'elle me procure l'oiseau des airs. Mais eux aussi savent apprécier la générosité et la capacité; et un jeune homme comme vous doit aspirer à la meilleure place, morbleu ! et si vous ne le faisiez pour vous, il faudrait du moins le faire pour votre femme ! Quant aux joies du ménage, je pense que le chancelier en a aussi bien que le secrétaire, et je ne m'en laisserais pas priver quand même je serais prince. Ainsi, au nom de Dieu, suivez les inspirations de votre cœur, ne vous souciez pas de la critique, et fermez votre cœur aussi bien au flatteur qu'au censeur. J'écoute volontiers l'un et l'autre jusqu'à ce qu'ils m'ennuient. Mme La Roche est venue ici ; elle nous a donné huit jours de bonheur. C'est une jouissance que de vivre avec de telles personnes. O Kestner, je me trouve bien heureux! quand ceux que j'aime ne sont pas près de moi, ils sont pourtant toujours devant moi. Le cercle des nobles cœurs est la plus précieuse de mes acquisitions.

Je reviens à mon cher *Gœtz!* J'ai confiance en sa bonne nature, il arrivera à bien et durera. C'est un enfant de l'homme avec beaucoup de fautes, mais c'est toujours un des meilleurs. Son extérieur et quelques rudesses heurteront beaucoup de gens; pourtant j'ai déjà tant de succès que j'en suis étonné. Je ne crois pas produire de quelque temps un autre ouvrage qui aura autant de succès. En attendant je continue mes travaux, peut-être plaira-t-il au tourbillon de la vie de me faire faire quelque chose de plus sensé.

Le 21 août.

Ceci était écrit depuis longtemps, mais je n'ai pas trouvé le moment de cacheter la lettre. N'ayant rien à y ajouter je vous prie de me garder votre affection et que Lotte continue de m'aimer. Elle est heureuse! Adieu.

81.

GŒTHE A KESTNER.

Je viens de recevoir ce soir, 15 septembre, votre lettre et j'ai taillé une plume pour écrire une longue réponse. J'espère que mes esprits parviendront jusqu'à Lotte, quand même elle ne voudrait pas prodiguer, à moi qui l'aime tant, la monnaie de ses sentiments, à laquelle le mari n'a pas de prétentions. Dernièrement j'ai eu grande peur en rêvant à elle. Le danger était pressant, tous mes projets étaient renversés. Nous étions surveillés et j'espérais tout dans le cas que je pourrais parler au prince. Je me tenais près de la fenêtre en réfléchissant si je devais sauter en bas, de la hauteur du deuxième étage. Oh! me dis-je, tu vas te casser la jambe et tu seras forcé de te rendre. Mais si un ami passait, je me jetterais pourtant en bas, et si je me cassais une jambe il me porterait sur ses épaules au prince. Tu vois que je me souviens de tout, même du tapis multicolore de la table près de laquelle elle était assise et travaillait au filet, sa botte en paille devant elle. J'ai baisé mille fois sa main. Oh! c'était sa propre main! cette main, elle est encore si présente à mon esprit que je me traîne toujours au milieu de rêves pareils.

Ma sœur et Schlosser sont dans la même position. Il

est encore à Carlsruhe où ses affaires traînent, Dieu sait comment. Je n'y comprends rien. Ma sœur est à présent à Darmstadt chez des amis. C'est pour moi une grande perte; elle comprend et supporte mes caprices.

Quant à moi, mon cher, je laisse faire mon père, qui tâche de me fourrer de plus en plus dans les affaires civiles de la ville. Je le laisse faire, tant que je dispose encore de ma force intérieure. Un bon coup, et toutes ces cordes seront rompues. Aussi suis-je beaucoup plus calme et je vois qu'on peut rencontrer partout l'homme, de grandes et de petites, de belles et de vilaines choses. Je continue bravement mes travaux et je pense que je produirai diverses œuvres pendant cet hiver. J'ai envoyé un *Gœtz* au vieux bailli. Il lui a fait beaucoup de plaisir et il a été communiqué (probablement par les Brandt) à d'autres. Le juge à Wetzlar et M. de Folz ont demandé ce livre, à ce que m'écrit Hans, avec lequel j'entretiens une correspondance suivie. Tout cela, mon cher Kestner, me fait oublier, que la chère grande-tante Lange de Wetzlar, avec l'aînée de ses chères nièces, est arrivée il y a peu d'instants au salon. Elles ont attendu bien des fois à cause de Lotte, sans que je sois allé les chercher; qu'elles se tirent encore cette fois-ci d'affaire. Jeannette n'est pas avec elles. Elles ont dit de ma Lotte beaucoup de bonnes et aimables choses. Que le diable les en remercie! — *De ma Lotte!* J'ai écrit cela par distraction, et pourtant, elle est, sous certains rapports, à moi. Sur ce point, il m'arrive ce qui arrive à d'autres honnêtes gens, je suis raisonnable jusqu'à ce point. Donc, n'en parlons plus.

Parlons du *Mercure* (journal), pour nous calmer. Je ne sais pas si la vanterie fait plus de tort à cette entreprise que celle-ci à la vanterie. C'est du vent et du bavardage à faire honte. Tout le monde en a été mécontent. La seconde partie est un peu meilleure.

Le grand Jean et les petits Jean, Wieland et messieurs Jackerl viennent de se prostituer ! C'est leur affaire ! Ce n'était pas pour moi qu'ils ont écrit. La femme du conseiller Jacobi s'est trouvée ici; c'est une brave et aimable personne. J'ai pu très-bien vivre avec elle; j'ai évité toutes les explications et je me suis conduit comme si elle n'avait ni mari ni beau-frère. Elle aurait essayé de nous réconcilier, et moi je ne veux pas de leur amitié. Qu'ils me forcent de les estimer autant que je les méprise à présent, et alors je leur rendrai mon affection.

J'ai reçu ce matin une lettre de Falke avec la première feuille de l'*Almanach des Muses*. Tu trouveras, page 15, *le Voyageur*, que je recommande bien à Lotte. Il a été écrit dans mon jardin, dans un de mes meilleurs jours : tout mon cœur était plein de Lotte et tout votre bonheur futur se présentait à mon âme et y produisait une satisfaction calme. Tu y trouveras, en regardant de près, plus d'individualité qu'il ne paraît, tu reconnaîtras dans l'allégorie *Lotte* et *moi* et ce que j'ai senti cent mille fois près d'elle. Mais n'en dis rien à personne. Cela doit vous être sacré; aussi vous êtes toujours près de moi quand j'écris quelque chose. Je travaille maintenant à un roman; mais cela va lentement. Je compose, en outre, un drame qui sera représenté pour que les gaillards voient qu'il ne dépend que de moi d'observer des règles et de peindre la moralité et des sentiments. Adieu. Encore une confidence d'auteur : Mon idéal grandit et embellit de jour en jour, et si ma vivacité et mon amour ne m'abandonnent pas, il y aura encore beaucoup de choses pour ceux que j'aime, et le public en prendra aussi sa part.

Et ainsi bonne nuit, ma chère Lotte. Il y a dans l'enveloppe des vers. J'ai voulu les ajouter à mon portrait destiné à Lotte ; mais comme le portrait n'a pas réussi, elle aura en attendant les vers. A une autre fois.

82.

GOETHE A LOTTE [1].

BONHOMIE.

Quand d'un brave homme défunt,
D'un respectable pasteur ou conseiller
La veuve fait graver le portrait,
Au bas duquel on fait mettre de petits vers ;

    On dit :

Regardez ce vénérable homme,
Sa tête et ses oreilles ;
Mais vous ne lirez pas sur son nez,
Combien sa cervelle fut intelligente
Ni ses nombreux services à la chose publique.

Cela, ma chère Lotte, s'applique aussi à nous :
Je t'envoie mon portrait !
Tu y verras le long nez,
Le regard des yeux, les boucles flottantes ;
C'est à peu près *la vilaine figure*,
Mais tu n'y verras pas mon amour [2].   G.

[1] Ceci est, dans l'original allemand, en vers rimés.
[2] Goethe a essayé, par la lettre n° 100, la même pièce de vers un peu variée et accompagnée de sa silhouette. L'édition allemande en contient un *fac-simile*.

83.

GOETHE A KESTNER.

Cette chère Mlle La Roche épousera un négociant considérable d'ici. C'est bien! très-bien!

Votre Hans m'écrit toujours ce qui se passe dans la maison allemande. C'est ainsi que j'ai, depuis votre départ, une chronique complète de tous les trous, contusions et querelles de quelque importance.

Est-il vrai que la petite Dorothée va se marier?

L'étoile de notre ville est tout à fait extraordinaire; nous comptons, depuis six mois à peu près, vingt mariages importants. Nos deux voisines les plus proches et ma sœur se sont engagées presque dans la même semaine.

Le gardien de la tour joue, les cloches sonnent, le tambour bat, et le jour commence à pointer là-bas.

J'ai été, dans ces derniers temps, assez appliqué; j'ai fait beaucoup de petites choses et une comédie avec des couplets est terminée; j'ai, en outre, esquissé les contours de quelques morceaux plus importants, et je vais me mettre à les étudier.

La comédie sus-mentionnée, où il n'y a pas trop d'esprit ni de sentiment, est arrangée pour l'horizon de nos acteurs et de notre théâtre. Pourtant on me dit qu'il y a des passages qu'ils croient au-dessus de leur force. Ce n'est pas ma faute.

Vous en aurez une copie.

Est-ce que Lotte a parlé à Jacobi ? Je m'aperçois qu'elle a attiré son attention. Est-ce qu'il y est encore ?

Falke est un brave garçon. Je vois avec plaisir son affection pour moi ; il m'écrit de temps en temps. J'ai eu une scène étrange avec Merck, à cause d'une silhouette qui m'a été envoyée par Lavater, et qui ressemble beaucoup à Lotte. Cela se passa le soir de son arrivée et je vis qu'il aime encore Lotte ardemment. D'ailleurs, celui qui connaît Lotte et ne l'aime pas me déplaît.

Adieu, mes enfants, il fait jour.

Savez-vous déjà que Hœpfner a épousé Mlle Thomæ ?

Écrivez-moi bientôt. Et rejouissez-vous en songeant à moi, comme je me rejouis de votre souvenir.

84.

GŒTHE A HANS.

Je vous félicite, mon cher Hans, à cause de votre heureuse convalescence, et je désire que ma lettre vous trouve tous en bonne santé. Donnez la lettre ci-jointe à M. Krafft, chancelier de Brême, qui aura la complaisance de la remettre à M. Kestner. Saluez de ma part votre cher papa et Caroline. Beaucoup de compliments aux demoiselles Léonore, Dorothée et Anne. Que les autres filles et petits garçons se conduisent bien; ils auront des amandes et des images quand j'arriverai.

Dites à la petite Léonore qu'elle envoie à Lotte les morceaux oubliés, pour raccommoder sa camisole aux raies bleues. Elle les trouvera bien. Ou encore mieux, faites-vous-les remettre par Léonore et adressez-les-moi par les messageries. Je les enverrai à Lotte. Mais que personne ne l'en avertisse.

85.

GOETHE A HANS.

J'apprends avec plaisir, mon cher Hans, votre conduite, et que vous ne laissez pas échapper le *primat* (premier prix). Quand tout sera bien rétabli dans la maison, je souhaite que ça dure. Je vous remercie pour les morceaux; mais que personne n'en écrive un mot à Lotte. Informez-moi du jour où le voiturier part pour Hanovre. J'ai une petite caisse, mais il faut la bien recommander à cet homme, parce qu'elle contient de la marchandise fragile qu'il doit transporter soigneusement. Adieu, mon cher Hans, mangez bien des fruits, faites mes compliments à papa et à tout ce monde chéri de la maison allemande. Adieu.

G.

86.

GŒTHE A HANS.

Mon cher Hans, je vous remercie bien de vos lettres et je vous prie de continuer. Voici quatre exemplaires de l'*Iris*. Vous aurez la complaisance de les remettre aux quatre dames dont les noms sont écrits sur la feuille ci-jointe.

Vous avez encore, si je ne me trompe, de l'argent destiné à moi. Je vous prie de l'accepter comme un cadeau de Noël, et de le partager avec vos frères et vos sœurs.

Saluez papa et les sœurs, et Mlle Brandt. Est-ce qu'aucune de celles-ci ne veut encore imiter Lotte ?

G.

87.

GOETHE A LOTTE.

Francfort, le 31 octobre 1775.

Je ne sais pas, ma chère Lotte, si ma supposition, que vous aurez bientôt besoin d'un négligé, est fondée; du moins je le crois. Ayant réfléchi sur ce point grave, je me suis dit : Elle aime le blanc ; toute étoffe de mousseline est bannie en hiver, à moins d'être doublée, et alors elle aurait trop l'air d'une grand-maman, etc. Sur cela, la déesse prévoyante de la mode s'approcha de moi et me présenta l'étoffe ci-jointe, qui, sauf la solidité, réunit tous les mérites. C'est une étoffe de mousseline, et en a, par conséquent, toutes les qualités. Les raies en soie en font une étoffe d'hiver. Eh bien, il faut l'envoyer au tailleur. Mais qu'il fasse bien attention ! Notez que la doublure doit être absolument blanche ; j'en ai vu en toile blanche. La pièce fournira justement un négligé qui descendra au-dessous des poches.

J'envoie en même temps les morceaux oubliés de la camisole aux raies bleues et blanches, en vous priant de ne pas oublier, à cause des nouveaux amis qui viennent d'arriver, la vieille et fidèle amitié.

Adieu, ma chère Lotte, saluez de ma part votre petit mari, et rappelez-vous, comme moi, l'ancien temps.

Francfort, 31 décembre 1773. Anniversaire de la naissance de Wolfgang.

GOETHE.

88.

GŒTHE A KESTNER.

Le jour de Noël, le matin six heures passées, 1773.

Il y a un an que je vous ai écrit, mes chers amis. Quels changements depuis ce temps !

Si je ne vous ai pas écrit depuis longtemps, c'est que ma vie est très-occupée. Je te remercie, chère Lotte, pour m'avoir envoyé une lettre en retour de mes fils d'araignées. Si je l'avais espérée, mon cadeau n'aurait pas été désintéressé. Je l'ai baisée cent fois. Il y a des moments où l'on sent plus vivement combien on aime ses amis.

Je ne puis pas vous peindre ma joie en revoyant Merck. Il est arrivé huit jours plus tôt que je ne comptais, et il était assis dans la chambre de mon père, lorsque je revins chez moi. — J'entrai sans le savoir et j'entendis sa voix avant de le voir. Tu me connais, Lotte.

Le passage de ta lettre qui indique la possibilité d'un rapprochement a traversé mon âme. Ah ! c'est mon rêve depuis votre départ. Mais cela restera un rêve. Il est vrai que mon père ne s'opposerait pas à ce que j'acceptasse des fonctions ailleurs; aussi ni l'amour ni l'espérance d'obtenir une place ne me retiennent ici, — et il me semble que je pourrais essayer de voir ce qui se passe ailleurs.

Mais, mon cher Kestner, j'ai pour moi-même trop besoin de mes talents et de mes forces ; j'ai eu toujours l'habitude d'agir d'après mes instincts et cela ne pourrait pas convenir à un prince qui serait mon maître. Et ensuite, où apprendrais-je un peu de subordination politique? — Ces habitants de Francfort sont une race maudite, dit habituellement M. le président de Moser ; on ne peut se servir nulle part de leurs têtes obstinées. Et quand même je ne serais pas entêté, mes connaissances en droit sont le moindre de mes talents. Un peu de théorie et de bon-sens ne suffisent pas. — Ma pratique marche ici de pair avec mon savoir, j'apprends tous les jours et je me tire ainsi d'affaire. — Mais dans cette chambre de justice, — j'ai eu toujours soin de ne pas jouer un jeu quand j'étais le moins habile de la partie. — Donc. — Pourtant je voudrais savoir si tes paroles ont été un peu plus qu'un désir et un caprice.

Ma sœur est brave. Elle apprend à vivre ! Nous reconnaissons seulement dans les circonstances compliquées et difficiles ce qu'il y a en nous. Elle est heureuse et Schlosser est le meilleur des maris comme il a été le plus tendre et le moins fou des amants.

89.

GOETHE A HANS.

Je, vous présente un de mes bons amis. Je serais volontiers venu avec lui, mais ça n'a pas été possible, mon cher Hans. Si vous me conservez votre affection, j'espère qu'il m'arrivera un jour de vous revoir. Ce que vous ferez pour M. Plitt, je le considérerai comme fait pour moi. Conduisez-le chez les Brandt et saluez de ma part les sœurs auxquelles il plaira sans ma recommandation. Que mes petits garçons m'aiment ! Je leur envoie quelque chose de la foire. J'espère que Sophie et la petite Anne ne m'ont pas oublié. Conduisez-vous toujours bien. N'achetez pas les journaux de Francfort ; ils ne vous serviront à rien. Quand je trouverai un livre pour vous, je vous l'enverrai.

GOETHE.

90.

GŒTHE A HANS.

Mon cher Hans, dites à la petite Anne de me pardonner l'oubli de sa commission. M. Schmidt ne peut pas donner des échantillons; mais il enverra plusieurs pièces. Que la petite Anne aie la bonté de m'écrire quelles sont les couleurs et le genre demandés; je m'en chargerai.

Encore une commission : j'ai 9 florins à réclamer de M. Falk; allez les chercher et envoyez-les-moi par les messageries.

Saluez toute la maison, Mlle Dorothée — vous savez bien — et Léonore. Je voudrais bien savoir ce qu'écrit et envoie Lotte.

G.

94.

GŒTHE A HANS.

Mon cher Hans, j'ai malheureusement égaré votre dernière lettre ; ainsi je dois vous demander de me communiquer encore une fois la commission d'Annette et de Caroline, savoir : quelles couleurs elles veulent avoir. Saluez tout le monde. Adieu.

G.

92.

GŒTHE A HANS.

Il y a encore une difficulté dans cette commission. Vous m'écrivez d'envoyer à Annette trois quarts d'aune de la pièce jointe.

Eh bien! je ne comprends pas ce qu'elle veut faire de trois quarts d'aune. Si c'est trois aunes et un quart, c'est autre chose.

Mais comme cela coûte de l'argent, plus de 16 florins, j'ai voulu demander encore une fois. Saluez tout le monde, et donnez-moi de vos nouvelles.

G.

93.

GŒTHE A HANS.

En attendant, je vous envoie, mon cher Hans, quelque chose pour les petits; partagez entre eux les raisins secs, les figues et les images. Le livre leur appartient en commun, il vient de M. Kestner.

Gardez-moi votre affection. Salue de ma part le papa, les sœurs et les Brandt. Adieu.

G.

94.

GOETHE A HANS.

Je vous envoie, mon cher Hans, pour le jour de l'an, un *prooemium virtutis et diligentiæ*. Et pour que vous voyiez quelle espèce de gens nous sommes à Francfort, je vous envoie aussi un heller (*liard*) neuf.

Saluez de ma part tous mes amis et conservez-moi votre affection.

G.

65.

GOETHE A HANS.

Remettez exactement et au plus tôt la lettre ci-jointe. Je souhaite une prompte guérison à Albert et à Ernest. Recommandez-moi au papa, saluez de ma part les sœurs Léonore et Dorothée, et écrivez-moi de temps en temps.

GOETHE.

96.

GŒTHE A LOTTE.

Je me rappelle à l'instant, ma chère Lotte, que je dois depuis longtemps une réponse à ta lettre. C'est que tu as été pendant tout ce temps-ci, peut-être plus que jamais, *in*, *cum* et *sub* moi (que ton gracieux maître t'explique cela). Je le ferai bientôt imprimer pour toi. Cet ouvrage réussit, ma chère. Ne suis-je pas à mon aise en songeant à vous?

Je suis toujours l'ancien, et ta silhouette est encore suspendue dans ma chambre et je lui emprunte comme autrefois des épingles. Tu ne doutes pas que je ne sois fou, et j'ai honte d'en dire davantage; car si tu ne sens pas que je t'aime, pourquoi alors est-ce que je t'aime?

GŒTHE.

97.

GOETHE A KESTNER.

Mars 1774.

Ce n'est pas beau de ta part de répondre le 13 février à ma lettre datée du jour de Noël. Dorénavant, mon cher Kestner, envoie tes lettres par la poste, écris plus souvent, sans cela je m'adresserai à Lotte pour qu'elle m'écrive.

Mme La Roche s'est mariée ici; c'est ce qui me fait encore supporter la vie, si toutefois elle peut être rendue supportable.

Vous recevrez peut-être bientôt un écrit qui vous prouvera combien j'ai été près de vous. Écrivez-moi souvent, ne serait-ce que pour me conter des bagatelles de ménage. Vous savez qu'elles m'intéressent au plus haut degré.

Jacobi a rendu justice à Lotte. Il en a fait une description très-avantageuse et lorsqu'on m'écrivit ce qu'il avait dit d'elle je dus convenir que je ne lui connaissais vraiment pas toutes ces qualités; car je l'ai toujours beaucoup trop aimée pour l'observer tant. — L'*Iris* est une entreprise puérile qu'il faut lui pardonner, parce qu'il pense en tirer quelque argent. Messieurs Jackerl veulent ruiner le *Mercure* depuis qu'ils se sont brouillés avec Wieland.

Ce que ces gaillards-là pensent de moi m'est égal. Autrefois ils ont parlé de moi comme d'un pauvre diable, et maintenant ils doivent sentir qu'on peut être un honnête garçon sans pour cela être obligé de les estimer. Cela va bien à Lotte d'être sur la liste des protectrices.

Je ne veux rien dire de mes désirs et de mes espérances d'aller vous voir. C'est comme chez vous, — ainsi nous remettons cela en attendant. Que je regrette que vous n'ayez pas vu Herder davantage! Était-il seul ou sa femme était-elle avec lui? Je travaille assez et ma manière de vivre est toujours la même. Quand je regarde de temps en temps tes vieilles lettres, je suis étonné d'être encore le même après tant de changements. Je voudrais bien qu'il en fût ainsi de vous. Écrivez-moi donc plus souvent ou demandez à Lotte de m'écrire de temps en temps un petit mot, quand elle se sent disposée. Elle pourrait bien le faire. Qu'elle salue de ma part Mme Pestel, ce doit être aussi une brave femme.

La nommée Kunkel a causé beaucoup d'embarras à la commune. Elle était prisonnière à Strasbourg, dont les autorités ne voulurent pas la livrer; et, lorsque l'électeur s'est adressé au roi, elle s'est sauvée en Suisse. Voilà les renseignements les plus nouveaux et, à l'heure qu'il est, encore secrets. Il n'y a rien d'étonnant à ce que nous soyons impérialistes, puisque nous appartenons à l'empereur.

Adieu, donnez-moi bientôt de vos nouvelles. Je suis le même pour l'éternité. Amen.

G.

98.

GOETHE A KESTNER.

Mai 1774.

Je me suis encore débarrassé d'un souci. Embrassez pour moi le petit garçon et Lotte, mon amie pour l'éternité. Dites-lui que je ne puis pas me la figurer comme femme en couches. C'est décidément impossible. Je la vois toujours telle que je l'ai quittée (ainsi je ne te connais pas en ta qualité de mari ; je ne connais d'autres relations que nos anciennes, auxquelles j'ai associé, dans une certaine occasion, des passions étrangères. Je vous en avertis pour que vous ne vous en fâchiez pas.) Je te prie de ne pas faire attention pour le moment au radotage ci-joint ; le temps l'expliquera. Si vous m'aimez comme je vous aime, il n'y a pas dans le monde des amis plus parfaits.

Mon vilain article contre Wieland fait plus de bruit que je n'en attendais. J'apprends qu'il se conduit bien dans cette occasion. Je suis donc dans mon tort.

99.

GOETHE A KESTNER.

Le 11 mai 1774.

Cela m'a surpris; je ne m'y étais pas attendu. Je l'avais espéré; mais comme ta lettre n'en disait rien, je me suis rappelé que les premiers-nés sont à la famille. Mais maintenant, je voudrais que Lotte, — car le garçon doit être baptisé le 11 mai, date de cette lettre, — que Lotte, mettant de côté toutes les réflexions, se fût écriée : « Il s'appelle *Wolfgang!* l'enfant doit porter le même nom! » Il semble que tu inclines du même côté, et je désire qu'il le porte, parce que c'est le mien. — Si vous lui avez donné un *autre* nom, je me réserve de donner au prochain le nom de *Wolfgang;* car vous prendrez certainement plusieurs parrains, — et moi, — je voudrais tenir sur le baptême tous vos enfants, parce qu'ils me sont tous aussi proches que vous. — Écrivez-moi de suite ce qui s'est passé. J'ai là-dessus des pressentiments étranges que je ne dis pas; le temps les fera connaître.

Adieu, mes amis (que j'aime tant que j'ai été forcé de prêter et d'accommoder la richesse de mon amour à la représentation fictive du malheur de notre ami). Vous saurez plus tard le sens de cette parenthèse.

G.

100.

GŒTHE A LOTTE.

Le 16 juin 1774.

Ma chère Lotte, je viens de chez M. et Mme Meyer, j'ai soupé avec eux aujourd'hui et hier. Ils ont passé la journée à Darmstadt. Ce sont de braves gens; je suis sûr qu'ils ont de l'affection pour moi, car j'en ai pour eux. Nous avons été si francs dans le premier quart d'heure... O Lotte, que je suis enfant! J'ai été, pour ainsi dire, surpris, lorsque Mme Meyer m'a dit que tu songeais encore à moi. Est-ce que les lettres de Kestner ne me le disent pas, et mon cœur ne me le dit-il pas aussi? Et pourtant ç'a été pour moi une nouvelle, quand cette bonne petite femme m'a dit avec l'accent d'un intérêt vrai, que tu songeais encore à moi. Oh! elle a senti ce qu'elle me disait! C'est une bonne femme! J'avais déjà l'intention de t'écrire hier au soir; mais ce m'a été impossible. Je me suis promené dans ma chambre en causant avec ta silhouette, et je suis, encore en ce moment, à peine en état de griffonner ces lignes! Ne serrerai-je plus jamais ta main, ma chère Lotte? J'ai beaucoup parlé à Mme Meyer de toi. Nous avons été ensemble au bois, et elle m'a promis de t'entretenir de moi dans

Elrie[1]. Oui, ma chère Lotte, il y a longtemps que je n'ai eu un tel plaisir. — Son mari est justement un de ces hommes comme je les aime. C'est une bonne âme, franche, qui réunit, sans nul pédantisme, la science et les lettres à l'expérience de la vie. Nous nous sommes bien rencontrés. Bonne nuit. Ils partent demain matin, et je veux leur envoyer encore quelque chose. Adieu ! adieu !

Et mon filleul se porte bien et la petite maman sera aussi bientôt rétablie? Je te jure, ma chère Lotte, que c'est pour ma tête une torture de songer que tu es mère et que tu as un petit garçon qui porte un nom que j'ai choisi. Je ne puis m'arranger de cela, je ne puis me l'imaginer. Je tiens donc, ma chère Lotte, à ce que tout soit comme c'était. Mme Meyer me dit que tu n'as pas non plus changé. Embrasse et salue de ma part papa Kestner. Qu'il m'écrive souvent et toi aussi, tu m'écriras si cela ne te fatigue pas. Voici une lettre de Mme Meyer. Je pense qu'elle est pour sa sœur. Hans m'en a envoyé une pour elle, que j'ai remise. J'espère qu'elle passera bientôt par ici en revenant des eaux. Je la chargerai d'un salut et d'une poignée de main pour toi. Adieu, ma chère Lotte, je vous enverrai bientôt un ami qui me ressemble beaucoup, et j'espère que vous le recevrez bien. Il s'appelle *Werther*, et vous expliquera lui-même ce qu'il est et ce qu'il a été.

GOETHE.

[1] Un petit bois près de Hanovre.

101.

GŒTHE A LOTTE.

Le 26 et 31 août 1774.

Devine qui sort en ce moment de ma chambre. Lotte, ma chère Lotte, tu ne le devines pas? Tu penseras plutôt à une foule de gens célèbres ou obscurs qu'à la femme Catherine Lisbet, ma vieille blanchisseuse de Wetzlar, la bavarde que tu connais et qui t'aime comme tous ceux qui se sont jamais approchés de toi. Ne pouvant plus trouver à vivre à Wetzlar, elle est venue ici, et ma mère espère lui trouver une place. Je l'ai emmenée dans ma chambre. En voyant ta silhouette elle s'est écriée : « Ah ! voilà cette chère Lotte ! » Malgré sa bouche édentée il y avait beaucoup d'expression dans ce cri. Dans sa joie, elle baisa ma main et mon habit, et elle me raconta que tu avais été d'abord un peu méchante, puis très-sage et que tu ne l'avais pas trahie, lorsqu'elle reçut des coups à cause de toi, parce qu'elle t'avait conduite chez le lieutenant Meyer, lequel était amoureux de ta mère et voulait te voir et te faire un cadeau, ce qu'elle ne permit pas. Enfin, elle m'a raconté tout. Tu penses bien que cette femme était précieuse pour moi, et que je m'occuperai d'elle. Si les ossements de saints et des chiffons qui ont touché leur corps sont dignes d'être adorés et gardés avec soin, pourquoi pas la créature humaine qui t'a touchée, qui t'a portée dans ses bras, qui t'a conduite par la main, à qui tu as peut-être demandé quelque chose? toi, Lotte, demander! Et cette personne devrait me prier! Anges du ciel! Encore quelque chose, ma chère Lotte, qui m'a fait rire : elle m'a dit que tu l'as souvent fâchée en tordant tes mains pour jouer, comme tu le fais peut-être encore. Elle l'imita et il me sembla que ton esprit planait autour de moi. Elle me parla aussi de la petite Caroline, de Léonore, de tout le monde et de tous ceux que j'ai connus ou que je n'ai pas connus : mais enfin elle revient toujours à Lotte. Sans Lotte, tout était triste et mort. Adieu, Lotte. Pour aujourd'hui, pas un mot de plus.

31 août. — J'ai écrit à Langen, samedi dernier, avant l'arrivée de Merck, la feuille ci-jointe. Nous avons passé une heureuse journée; le dimanche n'a été guère amusant. J'ai rêvé dans la nuit de toi, que j'étais revenu chez toi et que tu m'avais donné un bon baiser. Depuis que je t'ai quittée, je ne t'ai jamais vue, ni dans mes rêves, ni éveillé, aussi distinctement devant moi. Adieu! Une des silhouettes ci-jointes est pour vous[1], les autres sont pour Meyer et Zimmermann. Que Kestner m'écrive bientôt. Adieu, Lotte. Je te remercie de vouloir bien lire ce que j'écris et fais imprimer. Mais aussi, comme je t'aime! Embrasse pour moi le petit garçon. Quand je pourrai venir, je me pré-

---

[1] Cette silhouette se trouve dans l'édition allemande, avec la lettre n° 82 et le *fac-simile* d'une petite poésie.

senterai sans façon à toi ; ainsi que je t'ai quittée autrefois. Tu ne t'effrayeras pas pour cela et tu ne m'appelleras pas une *vilaine figure*. Salue les Meyer de ma part. Je voudrais bien voir le petit garçon dans tes bras. Adieu, adieu.

GOETHE.

102.

GOETHE A LOTTE.

27 août 1774.

J'ai commencé hier, le 26, une lettre pour toi. Me voici à Langen entre Francfort et Darmstadt. En attendant Merck, que j'ai fait chercher, je veux t'écrire. Aujourd'hui il y a deux ans, j'ai été assis, presque pendant toute la journée, près de toi. On coupa des haricots verts jusqu'à minuit et l'on commença solennellement le 28[1] en prenant du thé. O Lotte, tu m'assures avec cette aimable franchise que j'ai toujours appréciée, que vous m'aimez encore. Oh! ce serait trop triste, si le temps devait aussi emporter nos sentiments. Je t'enverrai prochainement un livre; appelles-le comme tu voudras, des prières ou un trésor pour te rappeler matin et soir les bons souvenirs de l'amitié et de l'amour. Je suis sûr que vous penserez demain à moi. Demain je serai avec vous. Mme Meyer m'a promis de m'envoyer son petit esprit pour venir me chercher. Nous avons une magnifique matinée. Une première pluie qui succède à une sécheresse de plus de quatre semaines me rafraîchit autant que la terre, et je vais m'en ré-

---

[1] Le 28 août était le jour de naissance de Goethe et de Kestner.

jouir à la campagne. Gotter était ici avant-hier. Il part avec deux de ses sœurs pour aller voir à Lyon une autre sœur. Il est toujours bon mais souffrant, pourtant assez gai. Nous nous sommes rappelé notre vie d'autrefois. Il salua cordialement ta silhouette. Je lui ai parlé de différentes choses jusqu'à son départ. C'est un avantage pour moi d'être ici à mi-chemin : quand mes amis voyagent, ils sont forcés de passer devant moi et de payer en amis le droit de passage.

103.

GŒTHE A HANS.

Le 31 août 1774.

Vous avez perdu un frère chéri, et moi j'ai perdu un de mes chers petits garçons. Redoublez vos efforts pour vous conduire de mieux en mieux afin de consoler de cette perte papa et moi. Saluez toute la famille de ma part. Écrivez-moi plus souvent ce qui se passe. Ne savez-vous pas que les moindres détails qui vous concernent m'intéressent vivement? Il y a longtemps que je vous ai quittés, mais je suis toujours avec vous. Adieu. Envoyez la lettre ci-jointe à Lotte.

G.

104.

GOETHE A KESTNER.

Le 23 septembre 1774.

Si vous avez déjà le livre, vous comprendrez le pli ci-joint. Pressé comme je suis, j'avais oublié de le mettre dans le volume. Les marchands de la foire font un bruit épouvantable ; mes amis sont arrivés ; mon passé et mon avenir se confondent merveilleusement.

Que deviendrai-je ? Oh ! vous qui avez déjà une position, vous êtes infiniment mieux à votre aise que moi.

Meyer, est-il de retour ? Je vous prie de ne pas encore prêter ce livre. Conservez votre affection à celui qui est encore vivant, et respectez celui qui est mort.

Vous comprendrez maintenant les passages obscurs de mes lettres précédentes.

105.

GŒTHE A LOTTE.

Incluse dans la précédente.

Ma chère Lotte, tu sentiras en lisant ce petit livre, combien il m'est cher; aussi cet exemplaire a pour moi du prix comme s'il était unique au monde. Tu l'auras, Lotte, je l'ai baisé plus de cent fois et je l'ai enfermé pour que personne n'y touche. O Lotte! — Je te prie de ne le montrer qu'aux Meyer. Il ne sera publié qu'à la foire de Leipzig. Je voudrais que chacun le lise de son côté, toi et Kestner, et que chacun m'en écrive un petit mot.

Lotte, adieu, Lotte.

106.

FRAGMENT

D'UN BROUILLON DE LETTRE ÉCRITE PAR KESTNER, APRÈS AVOIR REÇU *WERTHER*.

Hanovre, à la fin de septembre ou au commencement d'octobre 1774.

Votre *Werther* serait de nature à me faire grand plaisir en me rappelant bien des scènes et des événements intéressants; mais, tel qu'il est, il m'a peu édifié à certains égards. Vous savez que j'aime à parler franchement.

Vous avez prêté, il est vrai, à chaque personnage quelques traits étrangers, ou bien vous avez fondu plusieurs en un seul; je ne désapprouve pas cela, mais si, en fondant et en empruntant ainsi, vous aviez tant soit peu consulté votre cœur, les personnes véritables auxquelles vous avez emprunté des traits se trouveraient moins prostituées.

Vous avez voulu dessiner d'après nature pour donner des tons vrais à votre tableau ; mais vous avez réuni tant de choses disparates que vous avez manqué tout à fait votre but. Monsieur l'auteur se fâchera peut-être ; mais je m'appuie sur la réalité et la vérité, quand je prétends que le peintre s'est trompé. La véritable Lotte serait bien fâchée si elle ressemblait à la Lotte peinte par vous. Je sais bien que c'est une composition. Mais, même madame H...., que vous y avez mêlée un peu, n'aurait pas été capable de ce que vous dites de votre héroïne. Le but de votre œuvre, la nature et la vérité, n'auraient pas exigé tant de frais d'invention, car Jérusalem se serait brûlé la cervelle sans la conduite de votre héroïne, qui serait toujours déshonorante pour une femme et surtout pour une femme distinguée.

La véritable Lotte dont vous voulez être l'ami, est, dans votre peinture, suffisamment indiquée pour ne pas la méconnaître. — Je ne veux pas continuer ; la pensée seule me cause déjà trop de douleur. Et le mari de Lotte, que vous appeliez votre ami et qui l'était, Dieu le sait, il est avec elle... Et ce misérable Albert! alors même qu'il ne serait pas une copie, il a emprunté tant de traits à l'original qu'on peut aisément deviner le véritable Albert.

La ressemblance ne porte, il est vrai, que sur le côté extérieur, et, grâce à Dieu, seulement sur l'extérieur. Mais si vous teniez à l'y introduire, était-il donc nécessaire d'en faire un être aussi apathique? Peut-être était-ce dans l'intention de vous placer fièrement à côté de lui et pour pouvoir dire : « Voyez quel homme je suis, moi! »

107.

GŒTHE A KESTNER ET LOTTE.

Octobre 1774.

Il faut, mes chers irrités, que je vous écrive de suite pour en débarrasser mon cœur. C'est fait; c'est publié; pardonnez-moi si vous pouvez. — Je ne veux décidément rien entendre de vous avant que le résultat ait démontré l'exagération de vos craintes, avant que vos cœurs aient mieux apprécié dans ce livre l'innocent mélange de vérité et de fiction. Kestner, tu as, comme un avocat affectionné, épuisé tout, tu m'as enlevé tout ce que je pourrais dire pour m'excuser. Mais je sens que mon cœur a encore d'autres choses à dire, quoique je sois maintenant impuissant à l'exprimer.

Je me tais. Mais je dois vous dire mon joyeux pressentiment et mon espoir que le sort m'a permis de faire cela pour nous lier plus étroitement l'un à l'autre. Oui, mes chers, moi, qui suis lié à vous par l'affection, je serai encore votre débiteur et celui de vos enfants pour les heures pénibles que vous a causées mon... — appelez-le comme vous voudrez. Tenez ferme, je vous en prie. Ainsi que je te reconnais, Kestner, tout entier dans ta dernière lettre, et toi aussi Lotte tout entière; restez calmes dans tout ceci, sans regarder les suites possibles. Je vous en prie. — Bon Dieu, on dit que tu tournes tout en bien.

Mes chers, si le dépit vous gagne, pensez toujours que l'ancien, votre Gœthe, se renouvelle de plus en plus et qu'il est maintenant plus que jamais à vous.

108.

KESTNER A M. DE HENNINGS.

Hanovre, le 6 novembre 1774.

Cher ami, je ne comprendrais pas votre lettre si je n'avais pas depuis longtemps prévu que *les Souffrances de Werther* produiraient la méprise que je trouve dans votre lettre de Berlin. Mais pourquoi ne me suis-je pas écrié : « Je suis aussi heureux qu'on puisse l'être dans ce monde ! » Je ne suis pas à plaindre, au moins je ne le suis pas dans le sens de votre supposition. Je ne suis pas attristé ! — En un mot, c'est une erreur, et il m'est pénible que tout cela ait dû vous affliger. Je vais vous dire, autant que possible, le mot de l'énigme. Votre erreur n'aurait probablement pas eu lieu si vous aviez reçu ma lettre que je vous ai adressée il y a environ un an à Berlin.

Elle a dû s'égarer. Depuis plus d'un an et demi je n'habite plus Wetzlar. Je suis employé ici comme secrétaire des archives. Deux mois avant mon départ de Wetzlar, j'ai épousé ma chère Lotte. J'en fus heureux et je le suis encore. J'ai emmené ici ma Lotte comme en triomphe. Elle a été reçue comme elle le méritait. J'étais las de ma place à Wetzlar, et j'ai cherché à obtenir mon rappel. Mon emploi actuel ne me rapporte pas encore beaucoup, mais je l'ai accepté volontiers pour revenir ici. Je reçus bientôt après une de vos lettres qui avait passé par Wetzlar. Je n'ai pas tardé de vous répondre et de vous raconter toute mon histoire. J'ai envoyé cette lettre à M. Ganz, secrétaire de légation à Wetzlar, qui a dû oublier de la remettre, ou elle a dû s'égarer. J'ai toujours attendu votre réponse et j'allais vous écrire une deuxième fois, car vous êtes toujours mon meilleur ami et je suis à vous comme toujours. J'ai rencontré à Wetzlar un seul homme que je place immédiatement après vous dans mon cœur. Son nom est déjà assez connu; il s'appelle Gœthe. Vous comprendrez qu'il ne m'a pas rendu un service, — sans dessein il est vrai, et dans l'exaltation d'auteur ou par étourderie, — en publiant *les Souffrances du jeune Werther*. Il y a dans ce livre beaucoup de choses qui nous fâchent, moi et ma femme; son succès nous contrarie encore davantage. Pourtant je suis disposé à lui pardonner. Mais il ne doit pas le savoir, pour qu'il soit plus circonspect dorénavant. Je vais vous expliquer confidentiellement cette affaire et l'histoire de *Werther*. Vous n'en ferez qu'un usage prudent, mais je vous prie toutefois de vous en servir.

Werther, c'est Gœthe lui-même dans la première partie du roman. Il nous a emprunté, à ma femme et à moi, des traits pour Lotte et Albert. Beaucoup de scènes sont ou entièrement vraies ou peu changées; d'autres sont entièrement étrangères à notre histoire.

Pour motiver la seconde partie et pour préparer à la mort de *Werther*, il a ajouté à la première partie divers faits inventés qui ne se rapportent pas à nous; ainsi Lotte n'a jamais eu ni avec Gœthe, ni avec aucun autre des relations aussi intimes que celles qui se trouvent dans le roman. Nous avons raison de le lui reprocher, car diverses circonstances secondaires sont trop vraies et trop connues pour qu'on n'ait pas supposé qu'il s'agissait de nous. Il s'en repent maintenant. Mais à quoi cela nous sert-il ? Il est vrai, il fait le plus grand cas de ma femme. Mais en peintre fidèle, il aurait dû la représenter comme trop prudente et trop délicate pour permettre à sa passion des allures qu'il lui prête dans la première partie. Sa conduite envers lui a été telle que je l'aurais aimée encore davantage s'il avait été possible. Notre union, bien qu'elle ne fût pas secrète, n'a jamais été déclarée en public. Lotte était de beaucoup trop réservée pour en parler. D'ailleurs, il n'y avait entre nous d'autres liens que ceux qui liaient nos cœurs. Nous nous sommes mariés peu de temps avant mon départ, lorsque Gœthe avait quitté Wetzlar depuis un an et habitait Francfort, et que le *Werther* fictif était mort depuis six mois. C'est seulement à Hanovre, au bout d'une année entière, qu'un enfant nous est né. Le cher petit garçon vit encore et nous cause, grâce à Dieu, beaucoup de joie.

Il y a, du reste, dans *Werther* beaucoup du caractère et des opinions de Gœthe. Le portrait de Lotte est en général celui de ma femme. Albert est un peu trop froid.

Voilà mes observations sur la première partie. La deuxième ne nous regarde pas du tout. *Werther* y est le jeune Jérusalem ; Albert est le secrétaire de légation du Palatinat, et Lotte est la femme de celui-ci ; du moins quant à la base historique du roman, car les caractères de ces trois personnages sont inventés. Il est probable que l'auteur ignorait l'histoire antérieure de Jérusalem ; c'est pour cela qu'il a introduit dans la première partie certaines circonstances fictives pour assurer le succès de la deuxième partie et pour la motiver davantage.

L'Albert de la deuxième partie était bien un peu jaloux, mais ses rapports avec sa femme n'ont pas été ceux qui y sont représentés. Sa femme est une fort jolie personne, bonne et douce, mais pas du tout aussi vive qu'elle est dans le roman. Elle n'était pas même capable de cette petite infidélité, et se conduisait envers Jérusalem avec beaucoup plus de réserve. Celui-ci l'aimait vivement; pourtant il a été poussé à sa résolution extrême plutôt par l'ambition blessée que par un amour malheureux. Mais peut-être s'est-il persuadé à lui-même que ce dernier était son principal motif. Certainement, l'amour a fourni la raison décisive. Il est encore vrai que je lui ai prêté les pistolets. Mais je n'ai jamais soupçonné l'usage qu'il en ferait. Je ne le connaissais que peu, et ma femme le connaissait encore moins, car il fuyait le monde. J'ignorais ses principes et je ne savais de l'histoire de son amour que ce que le public en savait, et ce n'était pas grand'chose. Il n'est venu que deux fois chez moi, et peut-être a-t-il vu dans cette occasion les pistolets suspendus dans ma chambre. Il m'écrivit en effet le billet inséré au roman, et je lui envoyai les pistolets par politesse et sans scrupules. Ils n'étaient pas chargés, je ne m'en étais jamais servi. — C'était un bon garçon, mélancolique. Mais personne n'aurait prévu sa fin, aussi personne ne m'a fait de reproches.

J'ai écrit en détail cette histoire de Jérusalem, après avoir pris des renseignements exacts, parce qu'elle était remarquable. Je l'envoyai à Gœthe, à Francfort. Il en a fait usage dans la deuxième partie de son *Werther*, et il y a ajouté à plaisir.

Ainsi vous voyez que vous n'avez pas eu raison de me plaindre. C'est malgré nous que ce livre nous met dans les conversations du public. Mais nous avons la satisfaction de savoir que c'est sans raison et sans motifs. Grâce à Dieu, nous avons vécu et nous vivons encore ensemble heureux et contents. Une terreur secrète me saisit parfois quand je songe à ce monde et à notre heureux mariage ! C'est pour cela que je supporte volontiers tous les désagréments, bien que je ne sois pas dans une position trop brillante, attendu que mon père vient de mourir : mon revenu n'est pas grand et la vie est chère ici. J'accepte cela volontiers comme un petit contre-poids de notre bonheur, d'autant plus que je n'ai encore manqué de rien, que mes affaires augmentent et que j'ai l'espérance d'améliorer ma position.

Goethe, après avoir fait imprimer son livre nous envoya un exemplaire et s'imagina avoir fait quelque chose de merveilleux. Mais nous en avions prévu le résultat et votre lettre confirma une de nos prophéties. Je lui ai écrit et je l'ai grondé vivement. C'est alors seulement qu'il a compris ce qu'il avait fait. Mais le livre avait été envoyé aux libraires et Goethe continua d'espérer que nous nous étions trompés.

Avant de continuer ma lettre, je vous prie instamment de la brûler de suite ; car si elle s'égarait en d'autres mains, nous aurions bientôt une seconde édition avec des notes. J'ai pris le parti de me garder dorénavant d'écrire à un auteur quoi que ce soit qui ne puisse être lu de tout le monde.

Maintenant je vous demande de dire à Mendelsohn et à d'autres que vous saviez avec certitude que l'histoire de

Jérusalem est la base principale du livre. Cependant vous pouvez ajouter que les caractères sont vrais en partie mais pas du tout aussi chargés qu'ils le sont pour motiver la fin tragique. En parlant à ceux qui nous connaissent, tâchez de détourner ou de démentir les choses désavantageuses que le livre dit de nous. Les traits aimables et irréprochables de Lotte appartiennent à ma femme. Vous en conclurez que je ne pouvais faire autrement que de l'aimer, ayant fait sa connaissance lorsqu'elle était très-jeune personne. Je ne sais pas si je ne serais pas devenu *Werther* dans le cas où j'aurais été forcé de la quitter. Quant à cela, je ne me reconnais pas dans Albert.

Que puis-je faire dans cette affaire, sinon l'ignorer? On ne peut pas refaire le roman. Gœthe a certainement agi de bonne foi ; il nous estimait beaucoup trop pour cela, moi et ma femme. Ses lettres et ses autres actions le prouvent. Aussi sa conduite a été plus noble qu'il ne s'est peint lui-même dans *Werther*. Du reste, cette histoire ne pourra pas nous faire du tort auprès de ceux qui nous connaissent. L'évidence est décidément *pour* nous ; parce que nos bons rapports mutuels sont connus.

109.

GŒTHE A KESTNER.

Le 21 novembre 1774.

Voilà ta lettre, mon cher Kestner, sur une table étrangère, dans la chambre d'un peintre ; car j'ai commencé hier à peindre à l'huile. Je dois te dire : merci, merci, mon cher ! Tu es toujours si bon ! — Oh ! si je pouvais sauter à ton cou, me jeter aux pieds de Lotte, pendant une minute, une seule minute, et tout ce que je ne pourrais expliquer dans des volumes serait effacé et expliqué ! — Oh ! m'écrierais-je : vous manquez de foi, ou du moins vous n'en avez pas assez ! — Si vous pouviez sentir la millième partie de ce qu'est *Werther* pour des milliers de cœurs, vous ne regretteriez pas la part que vous y avez prise. Voilà ! lis cette feuille et retourne-la-moi en tous cas. — Tu m'envoies la lettre de Hennings ; il ne m'accuse pas, il m'excuse. Frère, cher Kestner, cela s'arrangera, si vous voulez attendre. Au péril de ma vie, je ne voudrais pas révoquer *Werther ;* et, crois-moi, tes craintes, tes *gravamina* disparaîtront comme des spectres de la nuit, si tu prends patience ; et ensuite, je vous promets d'effacer d'ici à un an de la manière la plus charmante, la plus unique et la plus intime tout ce qui pourrait encore subsister de soupçon, de fausse interprétation dans ce bavard de public qui n'est qu'un troupeau de pourceaux. Tout cela disparaîtra comme du brouillard devant un vent pur du nord. — Il faut que *Werther* existe — il le faut! Vous ne le sentez pas, *lui*; vous sentez seulement *moi* et *vous*; et ce que vous croyez y être seulement *collé*, y est — en dépit de vous — et d'autres, — *tissé* d'une manière indestructible. Si je vis encore, c'est à toi que je le dois, donc tu n'es pas Albert. — Et, par conséquent, donne de ma part une chaude poignée de main à Lotte et dis-lui que son nom est prononcé avec un profond respect par mille saintes lèvres, ce qui est une compensation à des craintes qui ne nous inquiéteraient pas longtemps, même dans la vie ordinaire où l'on est exposé à tous les commérages.

Si vous êtes sages et ne me tourmentez pas, je vous enverrai des lettres qui soupirent à l'unisson de *Werther*. Et si vous avez la foi, croyez que tout ira bien et que les cancans ne signifient rien. Réfléchis bien sur la lettre de ton philosophe; — je l'ai baisée.

Oh! — toi, tu n'as pas senti comment l'humanité t'embrasse, te console, — et ce que c'est que de trouver dans tes qualités, dans celles de Lotte assez de consolation contre la misère qui vous effraye déjà dans la poésie. Lotte, adieu. — Adieu, Kestner; gardez-moi votre affection — et ne me tourmentez pas.

G.

Ne faites voir ce billet à personne! Qu'il reste entre vous deux. Que personne hormis vous ne le voie! Adieu, mes chers! Embrasse, mon Kestner, pour moi ta femme et mon filleul.

Et songez à ma promesse. Moi seul, je puis *inventer* ce qui vous placera hors de toutes les allusions, et de tous les soupçons. J'en ai la puissance ; mais ce n'est pas encore le temps. Salue de ma part cordialement ton ami Hennings. Une jeune fille m'a dit hier : « Je ne croyais pas que *Lotte* fût un si beau nom ! il a un son *particulier* dans *Werther*. »

Une autre m'écrivait il y a peu de temps : « Par la grâce de Dieu, ne m'appelez plus Lotte ! — Appelez-moi Lolo ou comme vous voudrez, — mais non pas Lotte jusqu'à ce que je sois digne de ce nom. »

O puissance magique de l'amour et de l'amitié !

Vous aurez prochainement le billet de Zimmermann. Il fait froid ; je ne puis pas monter pour le chercher. Je vais aujourd'hui patiner. Adieu, mes chers.

Le 21 novembre 1774.

110.

KESTNER A M. DE HENNINGS.

Hanovre, le 30 novembre 1774
(terminée le 24 janvier 1775).

..... J'ai communiqué votre lettre précédente, non pas la dernière, à Gœthe pour le convaincre de quelle manière ce livre peut être envisagé, et pour le rendre plus prudent, du moins à l'avenir. Il me demande de vous saluer cordialement de sa part. Il a baisé votre lettre et me recommande la lettre de mon philosophe, etc. Vous le connaissez déjà par ses écrits. Il ne se soucie guère du monde; c'est pour cela qu'il ne se met pas à la place de ceux qui ne peuvent pas et ne doivent être ainsi. « Oh ! toi, tu n'as pas senti comme l'humanité t'embrasse, te console, et ce que c'est que de trouver dans tes qualités, dans celles de Lotte assez de consolation contre la misère qui vous effraye déjà dans la poésie. » — Voilà ses paroles.

On juge son livre diversement. Il y a des jugements qui sont une compensation suffisante de maint blâme. En opposition contre votre opinion, quelqu'un a dit, que dorénavant aucun homme qui n'est pas un saint ne se tuera.

Vous ne vous imaginez pas comment il est. Mais il nous causera encore de grandes joies quand son âme ardente se sera un peu calmée.

Le 24 janvier 75.

J'ai été empêché de continuer cette lettre. Ensuite je pensais qu'elle ne vous trouverait plus. Maintenant que je sais que vous serez à Altona, rien ne m'empêchera plus. Je vous remercie pour votre aimable lettre. Vous me consolez au sujet des *Souffrances de Werther*. Au fond, vous avez raison; il ne m'a pas fait de tort auprès du public d'ici, du moins que je sache. Cependant, je suis peiné de ne pouvoir lire et relire ce livre avec l'intérêt que d'autres personnes y trouvent. Je rencontre toujours un passage qui me blesse même dans le roman. En outre, il vient de paraître un commentaire donnant de soi-disant rectifications, que personne n'a demandées. Il n'est pas méchant et écarte parfois les fausses interprétations. Mais à quoi bon ? Faut-il donc que le lecteur sache les moindres détails ? On dirait vraiment que le public est un personnage fort respectable auquel on doit un rapport très-détaillé sur tout ce qui se passe. Je n'en connais pas l'auteur; mais il faut qu'il ait eu des renseignements exacts, quoiqu'il se trompe parfois. Je n'ai pas été formellement fiancé à Lotte. Et je ne comprends pas ce qu'il veut dire par ces mots : « Que je ne m'occupe pas des affaires du monde. » J'ai vécu à Wetzlar dans le monde, ainsi que je vis ici. L'histoire en général m'intéresse et j'en fais mon étude. On devrait connaître l'homme qu'on veut représenter au public.

Un de mes amis m'écrivait dernièrement : « Sauf le respect pour votre ami, mais il est dangereux d'avoir un auteur pour ami. » Il a bien raison.

Quand vous serez tranquille, écrivez-moi plus en détail sur vous-même. Tout ce qui vous concerne m'intéresse.

Oh ! si je pouvais vous revoir ! Croyez-moi ; vous êtes toujours pour moi ce que vous avez été il y a nombre d'années. Si je m'examine moi-même, je trouve avec plaisir que mes sentiments n'ont pas changé avec les ans et les événements. Je vois seulement avec chagrin que mes affaires m'empêchent souvent de suivre le penchant de mon cœur. Je ne sens que trop vivement les défauts de ce monde quand je suis forcé de m'interrompre comme maintenant. Adieu. Avant tout, soyez content et heureux. Gardez-nous votre affection. Ma chère Lotte vous salue cordialement. Saluez de ma part votre ami et aussi votre frère quand vous le reverrez.

K.

111.

GOETHE A HANS.

Le 9 janvier 1775.

Voici, mon cher Hans, une lettre pour Lotte. Demandez 4 et 1/2 fl. à chacune des dames, et envoyez-moi cet argent par occasion.

Vos lettres m'ont fait rire de joie et de chagrin. Continuez de m'aimer et saluez de ma part tout le monde.

GOETHE.

112.

GOETHE A LOTTE.

Le 10 janvier 1775.

Je vous écris du fond de la Suisse, de l'endroit où Tell a abattu la pomme posée sur la tête de son petit garçon. Pourquoi est-ce que je vous envoie justement d'ici quelques mots, après avoir gardé un si long silence?

Ma bonne et chère Lotte, je jette un regard sur vous, vos enfants, et votre cher mari, dans ce magnifique pays, au milieu de cette noble race qui ne doit pas être indigne de ses ancêtres, quoiqu'elle se compose d'hommes.

Je ne puis ni raconter ni décrire. Je vous raconterai peut-être davantage quand je serai parti d'ici; ce qui m'est déjà arrivé en d'autres circonstances.

N'est-ce pas que vous m'aimez encore un peu? Conservez ce sentiment et embrassez pour moi votre mari et vos enfants. Adieu, bien des compliments à M. Meyer.

Altdorf, à trois heures de distance du mont Saint-Gothard, que je monterai demain.

113.

LA SŒUR DE GOETHE A KESTNER.

6 janvier 1776.

Un gros péché, mon cher Kestner, pèse sur mon cœur. — C'est abominable que de n'avoir pas répondu depuis longtemps à votre aimable lettre. Rien ne pourrait m'excuser, si ce n'est que je n'ai écrit à personne depuis deux ans, — juste le temps qu'a duré ma maladie et une espèce de mélancolie qui en est la conséquence naturelle. — Votre chère et si active Lotte ne s'en étonnera pas, parce qu'elle peut s'imaginer aisément ce que c'est que d'être épouse et mère, et d'être alitée pendant deux ans, sans même pouvoir mettre un bas.

Zimmermann est arrivé comme mon bon génie pour sauver mon corps et mon âme. Il m'a donné de l'espérance et m'a encouragée tant, que depuis j'ai eu peu d'heures tout à fait sombres. — En effet, ses excellentes ordonnances ont amélioré mon état physique tellement que je ressens un grand adoucissement. — Je manque principalement d'une amie qui saurait m'égayer et détourner mes pensées de mon triste état, vers d'autres objets. — Il est fâcheux que je ne puisse m'occuper de rien, ni d'un travail, ni de lecture, ni de musique. — Aussi j'ai grande peine à écrire, comme vous voyez.

Ma petite fille me procurerait beaucoup de satisfaction si je pouvais m'en occuper. Mais je suis obligée de l'abandonner aux soins de personnes étrangères ; ce qui contribue beaucoup à mon chagrin. — Elle est très-gaie et veut danser toute la journée. C'est pour cela qu'elle aime mieux être avec tous les autres qu'avec moi. — Elle ne peut pas encore marcher seule, mais elle trotine avec une extrême vivacité quand on la conduit. — Écrivez-moi beaucoup de détails sur vos enfants, car j'apprends que vous avez le bonheur d'en avoir deux. — Je voudrais bien les connaître et savoir s'ils ressemblent à Lotte, s'ils sont gais ou tranquilles, etc.

Pardonnez-moi tant de questions. Je ne les aurais pas faites si je n'étais pas sûre que vous y répondrez volontiers. — Adieu, j'embrasse cent fois votre chère Lotte.

S. Schlosser.

114.

LA MÈRE DE GOETHE A HANS.

Francfort, le 2 février 1776.

Mon cher monsieur Buff, la mère de votre ami, le docteur Gœthe, a quelque chose à vous demander. Je sais que vous portez de l'affection à mon fils. Je puis donc d'autant plus vous charger d'une commission que par là vous rendrez, à cause du fils, un service à la mère. J'ai envoyé le 9 novembre de l'an passé un petit paquet chargé de 44 fl. 10 kr. au juge des domaines.

On m'a donné comme à l'ordinaire un reçu de la poste, valable pour trois mois. Ce terme sera passé le 9 février, et M. le juge ne m'a pas encore avisé de l'arrivée de cet argent. Il s'agit maintenant, d'être assez bon pour vous informer auprès du gouverneur de la maison de Son Excellence ou auprès d'une autre personne attachée à la cour, si l'argent a été bien remis; car, dans le cas contraire, j'aurai encore huit jours pour réclamer auprès de l'administration de la poste. Ayez la bonté de me répondre avant l'expiration des huit jours, pour que je sache ce que je dois faire.

Vous êtes sans doute étonné du silence du docteur. Il n'est pas ici; il est depuis trois mois à Weimar, chez le duc, et Dieu sait quand il reviendra. Mais il apprendra avec plaisir que j'ai écrit à son cher ami, car je ne saurais vous dire combien il a toujours parlé de vous et de votre famille. Il a toujours considéré le temps passé dans votre famille comme le plus heureux de sa vie. J'espère que M. votre père, vos frères et sœurs, principalement M. et Mme Kestner se portent bien. Saluez-les tous de ma part et soyez assuré que je serai toujours,

Votre amie,

GOETHE.

Si vous voulez bien m'écrire, adressez votre lettre à Madame la conseillère Gœthe, Grosser Hofgraben.

115.

GŒTHE A KESTNER ET LOTTE.

9 juillet 1776, Weimar.

Mes chers enfants, il y a tant de choses qui m'agitent. Autrefois c'étaient mes propres sentiments; maintenant ce sont en outre les embarras d'autres personnes que je dois supporter et arranger. Apprenez seulement ceci : je demeure ici et je puis y ljouir de la vie à ma façon et à me rendre utile à un des plus nobles cœurs. Le duc, avec lequel j'ai, depuis neuf mois, des rapports d'âme les plus sincères et intimes, m'a attaché aussi à ses affaires. Que Dieu bénisse nos relations.

Il m'a accordé siége et voix dans son conseil, et le titre de conseiller intime de légation. Nous avons d'excellentes espérances.

Il y a ici encore beaucoup d'hommes aimables qui voient avec satisfaction que je reste, ce qui peut-être n'est pas très-agréable à quelques autres. Adieu, gardez-moi votre affection.

Donnez-moi des nouvelles de vos enfants. Matthæi m'a remis une lettre.

G.

116.

GOETHE A KESTNER.

Wartbourg, le 28 septembre 77.

Mon cher Kestner, je ne vous ai pas oublié. Mais je garde le silence à l'égard de tout le monde, ce qu'ont déjà conseillé les anciens sages et ce qui me convient parfaitement. En attendant, on fait courir beaucoup de contes concernant ma personne, de même que mes contes les ont amusés autrefois. Si c'est possible, écrivez-moi plus souvent, même sans attendre une réponse. Croyez que je les apprécie, car j'y vois que vous vivez et que vous êtes heureux. Vous me demandez un conseil ! C'est difficile de loin. Le meilleur conseil et à la fois le plus loyal et le plus éprouvé est : *restez où vous êtes*. Supportez maints désagréments, chagrins, passe-droits, etc., parce que vous ne vous trouverez pas mieux quand vous aurez changé de séjour. Restez fidèlement et avec fermeté à votre place. Dirigez vos efforts sur un seul but. Vous êtes l'homme pour cela, et vous *avancerez en restant*, parce que tout ce qui est *derrière vous* recule. Celui qui change de position, perd toujours moralement et matériellement les *frais de voyage et d'établissement* et reste en arrière. Je te dis cela en ma qualité d'homme du monde, qui apprend peu à peu comment les choses se passent. Écris-moi plus de détails de ta position. Je te donnerai peut-être un conseil plus positif.

Salue de ma part Lotte, et que Dieu vous protége vous et vos enfants.

Je demeure au Pathmos de Luther, et je m'y porte aussi bien que lui. Du reste, je suis le plus heureux des hommes que je connaisse. Cela te suffit.

Salue de ma part Sophie [1].

---

[1] La sœur cadette de Lotte, en ce temps, en visite chez celle-ci à Hanovre.

117.

GOETHE A KESTNER.

23 janvier 1778.

Je vous remercie de ce que vous m'avez envoyé, et je vous demande surtout les changements et les amendements auxquels je tiens le plus. Je vous en rembourserai volontiers tous les frais.

Je vous félicite de l'accroissement de votre famille et de sa guérison de la petite vérole. Ce sera bien à vous, quand je viendrai un jour vous voir, de pouvoir me présenter une demi-douzaine de ces petits personnages.

Saluez de ma part Lotte, et si mon style sent parfois le conseiller intime, tout le reste est pourtant, et hélas! comme il a été. Salue de ma part Sophie. Adieu.

G.

Et Lotte, est-elle toujours si impertinente? Envoyez-moi donc vos silhouettes et celles de Sophie et des enfants.

118.

GOETHE A KESTNER.

23 janvier 1778.

C'est très-beau que nous nous rencontrions de nouveau. J'ai pensé, il y a quelques jours, à vous et j'allais vous demander comment vont les choses ? J'ai fait depuis longtemps le projet d'aller vous voir. Je le réaliserai peut-être un jour et je vous trouverai alors vous et vos cinq petits garçons gais et bien portants. Ce serait charmant si vous m'envoyiez bientôt une lettre de famille à laquelle Lotte et ceux des enfants qui savent écrire ajouteraient quelques lignes. Cela nous rapprocherait. Je vous enverrai bientôt quelque chose, car j'ai déjà plus de loisir pour penser à mes amis, quoique le travail augmente.

J'ai, en outre de mes fonctions de conseiller intime, la direction du département de la guerre et des chaussées, avec les caisses. L'ordre, la précision et la promptitude sont des qualités dont je tâche tous les jours d'acquérir un peu.

Du reste, je suis dans les meilleurs rapports avec le monde d'ici ; j'acquiers de plus en plus l'affection et la confiance, et il ne dépendra que de moi d'être utile et heureux. Je demeure hors la ville, dans une très-belle vallée où le printemps crée dans ce moment son chef-d'œuvre. Pendant notre dernier voyage en Suisse, tout s'est fait à souhait et nous sommes revenus chargés de quantité de choses excellentes.

Je remercie pour la déduction faite par Hennings. Je ne connais pas le poëme et toute l'affaire ne prouve pas des idées nettes. Adieu, salue de ma part ta femme et tes enfants, et gardez-moi votre affection.

GOETHE.

Je n'ai pas douté qu'*Oberon* te plairait ; c'est un excellent poëme. Quand un Allemand est poëte, il l'est bien. Mes travaux littéraires sont subordonnés aux exigences de la vie. Cependant, suivant l'exemple du grand roi qui passa tous les jours quelques heures à jouer de la flûte, je me permets parfois un exercice du talent qui m'est particulier. J'ai écrit beaucoup, presque le double de ce qui a été imprimé. J'ai aussi beaucoup de projets, mais je manque de recueillement et de loisir pour les réaliser. J'ai taillé différentes choses pour un théâtre d'amateurs d'ici ; je l'ai fait, il est vrai, d'une façon conventionnelle.

119.

GOETHE A KESTNER.

Du 30 mai 1781. Reçu le 22 juin 81.

La bonne parole que j'ai reçue de vous m'a agréablement rencontré sous les beaux ombrages de mes arbres, où je suis habitué à supporter la joie et le chagrin.

Saluez de ma part Lotte et ses nombreux petits garçons. Quel plaisir si je pouvais aller vous voir!

Je deviens de jour en jour plus esclave, et j'appartiens principalement à la terre à laquelle nous devons retourner. L'énumération de vos faits et gestes dans votre petit domaine m'a fait du bien. Je ne puis pas vous dire de pareilles choses de moi, car je suis un homme isolé. Brandt[1] n'a passé que peu de temps avec moi.

J'envoie ci-joint à Lotte un petit épilogue. Qu'elle ne le prête à personne, pour qu'il ne soit pas imprimé. Adieu, comme autrefois.

GOETHE.

[1] Plus tard conseiller intime à Hanovre, aussi connu comme écrivain.

120.

GŒTHE A KESTNER.

15 mars 1783. Reçu le 22 mars 83.

Si je voulais vous rendre la pareille, je ne répondrais que dans un an à votre lettre. Mais je cède à notre vieille amitié et je vous remercie de ce que vous m'avez envoyé.

Quelles têtes ! Mais ne m'enviez pas mes arbres, vos petits garçons valent mieux. Saluez Lotte de ma part. Votre bonheur et celui de votre famille me cause beaucoup de joie.

Nous avons un prince-héritier bien portant ; ce qui nous a rendus bien heureux. Vous sentiez cela aussi bien que moi.

Voici mon *Iphigénie*. Je vous demande de me la rendre bientôt. Vous pouvez la montrer à quelques bons amis ; mais dérobez-la aux regards des jeunes auteurs. Cela n'a pas une grande importance, mais il est fâcheux d'être produit par morceaux devant le public, ce qui m'est déjà arrivé souvent.

Que le style de ma dernière lettre ne vous fâche pas [1]. Je serais le plus ingrat des hommes, si je n'avouais pas que

---

[1] Cette lettre n'a pu être retrouvée.

j'ai une meilleure position que je ne mérite. Il est vrai que j'ai à souffrir de la chaleur et de la fatigue de cette existence, et alors il peut arriver qu'on devient parfois las et de mauvaise humeur.

Adieu et pensez à moi au milieu de votre famille.

GOETHE.

121.

GOETHE A KESTNER.

Le 2 mai 1783.

J'ai reçu, mon bon Kestner, par la poste, la lettre que devait m'apporter votre jeune ami [1]. Je le verrai donc plus tard. D'après ce que vous m'écrivez ce doit être un homme intéressant. La tragédie n'est pas mal; elle fait supposer que l'auteur n'est pas sans esprit. Mais elle ne contient rien de nouveau, de caractéristique, et il m'a semblé qu'elle manque de la veine poétique.

Je vous remercie de votre patience indulgente d'aujourd'hui et d'autrefois, et de votre bonne conduite envers moi. J'ai fait dans ma vie nombre d'étourderies, qui me coûtent assez cher. Votre lettre m'a été justement dans ce moment-là fort agréable. — J'ai repris dans des heures calmes mon *Werther*, et, sans toucher aux parties qui ont fait tant de sensation, je pense le hausser de quelques degrés.

J'avais l'intention de faire d'Albert un caractère que

---

[1] M. de Ramdohr, d'abord au service de Hanovre, plus tard de la Prusse, à la fin envoyé à Naples, auteur de divers écrits et de la tragédie en question.

pouvait bien méconnaître le jeune homme passionné, mais pas le lecteur ; cela produira un effet excellent et longtemps désiré. J'espère que vous en serez satisfait.

Il semble, du reste, que le sort vous traite en favori. D'abord, tant de garçons qu'on aurait dit qu'il y en avait assez, et ensuite la fille désirée, qui vient à propos. Que Dieu vous la conserve.

Peut-être aurai-je un jour une nouvelle pour Hans. Saluez Lotte, soyez heureux et gardez-moi votre affection.

G.

122.

FRAGMENT

D'UN BROUILLON DE LETTRE ÉCRITE PAR KESTNER A GOETHE.

Hanovre 1782.

Je vous remercie de m'avoir informé de votre projet de refaire *Werther*. Mais, mon bon et cher ami, je ne m'en réjouis que parce que j'espère que les passages inconvenants y pourront être adoucis et que vous voudrez me permettre à cet égard quelques observations. J'exprime cet espoir avec assurance en faisant appel à votre amitié. L'ardeur de la jeunesse a dû se calmer un peu depuis dix ans et céder à la réflexion plus froide de l'homme fait.

Je me rappelle que j'ai déjà fait, lorsque vous nous envoyâtes un exemplaire, quelques observations pour en arrêter la publication par la librairie. Mais c'était trop tard, maintenant que le livre se trouve dans les mains de tout le monde, on ne pourra pas corriger radicalement tous les passages en question. Je ne possède plus cet exemplaire, on a dû me le voler. Je n'en veux pas emprunter à d'autres un exemplaire, par les motifs exposés dans ma dernière lettre et pour ne pas faire deviner que j'étais informé de la nouvelle rédaction. Je vais me le faire venir par le libraire pour le parcourir de nouveau avec attention et préciser mes observations. Pour le moment, voici ce que je pense, ce que je me rappelle.

1. Les *soufflets* donnés par Lotte nous ont été pénibles, à moi et à elle. Cet épisode n'est ni justifié par la véritable histoire, — ni en accord avec le caractère de *cette* Lotte que vous avez représentée. Ma chère Lotte du moins ne se serait jamais conduite ainsi. Bien qu'elle fût une jeune fille vive et pétulante, elle resta toujours demoiselle, et garda malgré cette vivacité et cette pétulance, toujours la *délicatesse* de son sexe. — Je ne trouve pas pour le moment un autre mot.

2. Le fait qu'elle ait donné à entendre à Werther, durant le bal, qu'elle était déjà fiancée, nous a aussi blessés ; Lotte, c'est-à-dire la mienne, quand c'est d'elle que vous avez parlé, n'aurait pu dire cela, attendu que nous n'avons jamais été engagés par une promesse formelle. Il est vrai, que nous nous comprenions réciproquement, que nous étions d'accord et inséparables. Mais notre engagement reposait sur une convention tacite. D'après les lois humaines, nous aurions toujours pu rompre. C'était de ma part une espèce de caprice, si vous voulez.

123.

GOETHE A KESTNER.

24 juin 1784.

J'aurais dû depuis longtemps vous écrire, car je ne vous ai pas encore remercié pour le bon accueil que vous avez fait à mon *Iphigénie*. Vous m'avez fait un plaisir particulier en analysant cet ouvrage et en m'indiquant les parties que vous trouviez belles. Des louanges vagues et générales n'encouragent pas et n'enseignent rien.

J'ai reçu l'exemplaire renvoyé et aussi votre lettre datée de Zelle.

G.... a pu vous donner très-peu de mes nouvelles. Je n'ai pas de relations avec lui. C'est un fou qui se ruine.

J'apprends avec plaisir ce que vous m'écrivez de vos enfants. Celui qui a son univers dans sa famille est heureux. Reconnaissez bien votre bonheur et sachez que des positions plus brillantes ne sont guère à envier.

Les comtes de Stollberg sont venus nous voir. Leur visite nous a rappelé les temps passés et a consolidé de nouveau notre vieille amitié.

Saluez Lotte, et continuez à vous bien porter. Soyez heureux et gai au milieu des vôtres. Donnez-moi de temps en temps de vos nouvelles et conservez-moi votre affection.

Eisenach, 24 juin 1784.   G.

Saluez nommément George, de ma part, et écrivez-moi bientôt.

124.

GOETHE A KESTNER.

11 janvier 1785.

Vous verrez, mon cher Kestner, par la feuille ci-jointe ce qui me détermine à vous écrire dans ce moment. Je vous demande de me fournir le plus tôt possible des renseignements sur l'individu y mentionné. Il demeure à Milan et il pourra obtenir une place si ses indications sont reconnues vraies, et si l'on peut ajouter foi au reste.

Les capucins du mont Saint-Gothard, qui se sont souvenus de moi, m'ont écrit, par suite d'une demande de leurs amis de Milan. Me sachant un homme célèbre, ils ont cru que je ne pourrais être autre chose que professeur de Gœttingue et que je devais avoir des relations à à Hanovre. C'est ainsi que leur lettre est arrivée en Allemagne et m'a enfin trouvé ici. J'ai été cette année bien près de vous. Pourtant je n'ai pas pu aller vous voir. Quand est-ce que nous nous reverrons? Presque tous mes amis sont venus une fois me voir.

Saluez votre femme et vos enfants de ma part et donnez-moi bientôt de vos nouvelles. Quant à moi, on n'en peut rien dire sans me voir en face. Adieu! Répondez bientôt et ne cessez pas de m'aimer.

G.

La feuille et le dossier joints à cette lettre, concernant la commission donnée à Kestner, n'ont pas été reproduits ici, parce qu'ils n'offrent pas d'intérêt.

125.
GOETHE A KESTNER.
25 avril 1785.

Je vous remercie beaucoup, mon cher Kestner, pour les nouvelles que vous m'avez données. J'ai répondu aux capucins et c'est à eux d'interpréter ma réponse comme ils pourront.

J'ai appris avec infiniment de plaisir que vous vous portez bien, vous et les vôtres, et que vous faites un heureux ménage. Que le ciel vous conserve cette position !

Saluez bien de ma part Lotte et la petite Amélie [1] et ce bon Georges. Dites-lui de m'écrire plus souvent. Ce doit être un brave petit garçon. La collection de minéraux offerte au public par Voigt, notre secrétaire des mines, n'est pas destinée à des enfants, mais plutôt à des amateurs qui désirent se faire une idée exacte des diverses formations de montagnes, dont on parle maintenant tant.

D'après le livret ci-joint, la collection contient les espèces de pierres décrites dans les lettres, et elle vaut son argent pour quelqu'un qui porte intérêt à cette science et veut s'instruire.

Si vous désirez pour vos enfants une petite collection de minéraux, je pourrais vous en faire composer une, car j'ai assez de telles choses.

Adieu. Pensez à moi.   G.

---

[1] La sœur cadette de Lotte. Elle séjourna pendant plusieurs années à Hanovre, dans la maison de Lotte.

128.

GŒTHE A KESTNER.

1ᵉʳ septembre 1795.

Votre lettre, mon cher Kestner, m'a cherché vainement dans ces contrées ; je n'ai pas suivi la cour, et tandis que vous m'écriviez, je me trouvais assez loin de vous, à Carlsbad.

Que j'aurais été enchanté de vous revoir, de prendre part à vos joies et à vos peines, et de nous rappeler les anciens temps ! La mort de votre fille me cause beaucoup de chagrin. Je vois dans la famille de Herder combien une telle petite femme fait de bien au milieu de tant de garçons. Comme vous êtes des arbres toujours fertiles, vous devez tâcher de réparer cette perte. Saluez cordialement Lotte de ma part. Je pense qu'elle m'aime encore un peu, et moi, je ne changerai jamais, tant que je vivrai, mes sentiments pour elle.

Adieu. Tout autour de moi est encombré de papiers ; c'est pour cela que je n'écris pas davantage.

G.

127.

GŒTHE A KESTNER.

4 décembre 1785; la réponse est du 2 avril 86.

Depuis que j'ai reçu votre lettre, mon cher Kestner, je n'ai pu me consoler de votre sort, que vous supportez si courageusement [1]. Vous avez été pour moi, jusqu'ici, l'idéal d'un homme heureux, par l'ordre et par la modération des désirs; et votre vie exemplaire, avec votre femme et vos enfants, a été pour moi un tableau qui m'a réjoui et rasséréné. Mais quelles tristes réflexions me sont inspirées par les événements qui vous ont surpris! Seulement votre noble exemple me rend le courage. C'est beaucoup, quand un homme ne s'abandonne pas lui-même en un cas pareil. Soyez convaincu de mon intérêt cordial, car ma vie dans le monde n'a fait que me rendre mes anciens amis plus chers. Je vous remercie pour votre lettre si riche de détails et pour votre ferme confiance en ma sympathie. Adieu, saluez Lotte et les enfants de ma part. Les eaux ont produits de bons effets et je me porte très-bien.

G.

---

[1] Kestner avait perdu une portion considérable de sa fortune. La cause de cette perte l'avait rendue encore plus douloureuse.

128

GŒTHE A KESTNER.

16 juin 1786.

Votre docteur Riedel m'a beaucoup plu, et en général, il a eu ici beaucoup de succès. Donnez-moi quelques renseignements sur lui, sa famille, son caractère, sa vie passée, et surtout sur ses espérances. Peut-être trouverait-on une position pour lui dans notre pays. Mais n'en dites rien ni à lui ni à d'autres.

Je désire avoir bientôt ces renseignements, parce que je partirai vers la fin du mois pour Carlsbad ; en tout cas adressez votre lettre ici. Je me porte bien et je vous aime. Quand nous reverrons-nous? Saluez Lotte et les vôtres, et conservez-moi votre affection.

G.

129.

GŒTHE A KESTNER.

21 juillet 1786.

La poste d'aujourd'hui porte au docteur Riedel une proposition pour le cas où il voudrait donner ses soins à notre prince héréditaire. Cette offre n'est qu'en termes généraux, cependant sa réponse amènera des choses plus précises. N'en parle encore à personne. Notre duchesse vient d'accoucher heureusement d'une princesse qui a été baptisée aujourd'hui. Lavater a passé par ici; je vois avec plaisir qu'il a fait partout une impression favorable.

Je partirai enfin le 24 pour Carlsbad, s'il n'y a pas de nouvelles difficultés. Adieu, saluez Lotte et les vôtres de ma part, et conservez-moi votre affection.

G.

C'est ma réponse à votre lettre du 16 juillet, que j'ai reçue aujourd'hui.

130.

GŒTHE A KESTNER.

Rome, le 19 février 87.

Je vous envoie quelques mots et un salut par l'intermédiaire de M. de Pape, qui retourne en Allemagne. J'ai été plutôt emporté à Rome que je n'y suis allé, et maintenant je ne peux dire les jouissances heureuses que je trouve ici. Je voudrais bien vous en communiquer une portion.

Le docteur Riedel est arrivé chez nous et a été nommé conseiller. J'aurais désiré pouvoir lui être utile dès le commencement, mais je pense que l'occasion s'en présentera.

Adieu, souvenez-vous de moi, et saluez de ma part Lotte, les enfants et tout le monde près de vous. J'ai la tête toute troublée par ce que je vois et par mes travaux, par le beau temps et par toutes les folies du carnaval. Adieu.

G.

131.

GOETHE A KESTNER.

Rome, le 24 octobre 1787.

M. Rehberg [1] m'a rencontré encore ici et m'a remis aujourd'hui votre lettre du 18 mai, tandis que j'en avais déjà reçu une de Wetzlar. Ma mère m'écrit aussi que vous êtes allé la voir et qu'elle a pris Lotte en grande affection. Je me réjouis de votre bonheur au milieu des vôtres. Ç'a dû être à Wetzlar une véritable fête de famille.

Je passerai encore l'hiver prochain en Italie, et c'est un grand bonheur pour moi que cela soit possible.

Je serai charmé si M. Rehberg s'accorde avec nous, et si je puis lui être utile.

Mes œuvres se sont sans doute présentées chez vous. Les autres volumes suivront à mesure qu'ils seront publiés.

Saluez cordialement de ma part Lotte et Amélie. J'ai appris qu'un de vos petits s'est très-bien accordé avec ma mère.

Que cette lettre vous trouve tous en bonne santé et contents.

GOETHE.

---

[1] Plus tard conseiller intime de cabinet de Hanovre, écrivain spirituel de renom.

132.

LA MÈRE DE GŒTHE A KESTNER ET A LOTTE.

Francfort, le 23 octobre 1788.

Cher compère, excellente commère,

Un négociant ne peut s'effrayer davantage d'un fort billet à échéance qui lui est présenté et qui vide le fond de sa caisse, que je ne fus effrayée par votre deuxième lettre. Permettez-moi de vous présenter ma justification; j'attends que votre justice m'absoudra entièrement. J'étais malade lorsque je reçus votre lettre du 17 septembre, qui m'a fait tant de plaisir. Ma tête était lourde et ma bouche était remplie d'aphtes, ce qui m'a causé de grandes douleurs et m'a rendue incapable d'écrire. En outre, dans cette fatale période, Schlosser, sa femme et ses enfants, que je n'avais pas vus depuis six ans, sont arrivés de Carlsruhe. Ils se sont logés chez moi. Vous, mes amis, vous pouvez vous imaginer cette vie agitée, cette succession de visites. Moi, encore à moitié malade, j'ai été obligée de partager cette vie. Il ne me resta pas une minute pour penser à d'autres choses qu'à des visites, à des repas, etc. A peine étaient-ils partis, que nous avons eu les vendanges, qui ont aussi pris de notre temps. — *Summa summarum*, j'ai vécu pendant dix semaines entières dans un trouble continuel, — et j'ai été forcée de remettre, malgré moi, mes remercîments pour la confiance que vous avez bien voulu avoir en moi.

— Si vous trouvez ces raisons suffisantes, dites-moi quelques mots aimables. — Cela me fera du bien et réjouira mon cœur. Vous ne pouvez vous imaginer le plaisir que j'ai eu à être marraine de votre fille. — Que Dieu vous conserve la petite pour votre joie ! Voici maintenant quelque chose qui concerne M. Hans Buff. — Pendant que votre femme était ici, je lui ai fait cadeau des quatre premiers volumes des écrits de Gœthe. Vous m'écrivîtes peu de temps après que vous les aviez aussi reçus de mon fils et ne voulant pas garder les deux exemplaires, je devais vous dire la personne à laquelle vous pourriez les remettre. Je me suis décidée pour M. Hans Buff. Lorsque je lui remis, il y a quelque temps, le cinquième volume, il me dit qu'il n'avait pas encore les quatre premiers, et il me pria de vous rappeler que c'est à lui que vous devez les remettre. Mon fils est de retour d'Italie ; il est gai et se porte bien. Mme Bethmann vous a écrit hier. — Elle a été aussi malade. Adieu.

Saluez et embrassez avant tout mon cher Édouard, de la part de celle qui ne change pas.

Je suis la fidèle et véritable amie de mon cher compère et de ma chère commère.

Élisabeth Gœthe.

133.

GOETHE A KESTNER.

10 nov. 1788.

Ce n'est pas très-poli de ma part que d'être déjà de retour en Allemagne depuis si longtemps et de n'avoir pas encore donné un signe de vie. Vous êtes donc très-aimable de m'avoir devancé en me donnant de vos nouvelles. J'apprends avec plaisir que vous vous portez tous bien et que vous continuez à vous multiplier.

Je ne comprends pas pourquoi ma mère n'a pas répondu. Il serait bien étrange que, par suite de ce hasard, la fille eût continué le nom de sa mère.

J'ai été bien à mon aise en Italie; j'y ai vécu tout à fait d'après mon idée et j'y ai fait des études suivies. Je voudrais seulement que cela aurait pu m'arriver vingt ans plus tôt! Mais je n'aurais pas pris les choses d'une manière aussi solide.

Rehberg s'est très-bien accordé avec nous. Je n'aime pas à être rigoureux quand j'ai affaire à des hommes qui me sont nouveaux. Mais, vers la fin, tout s'est arrangé très-bien. J'ai seulement regretté la nécessité où nous avons été de nous séparer.

Il m'écrit souvent. Herder est maintenant à Rome.

Notre duchesse douairière y est aussi arrivée il y a peu de temps.

Riedel est un fort brave homme et se plaît de mieux en mieux. Au commencement, sa position a été, sous plus d'un rapport, difficile, mais tout va bien maintenant. L'enfant est gai et bien portant. Vous m'avez écrit une fois pour présenter quelqu'un au *Kammergericht* (cour de justice). Dites-moi si vous y tenez encore et comment il faudrait s'y prendre. Quoique je n'aie pas de relations politiques, je pourrais pourtant obtenir quelque chose. En attendant, adieu. Saluez de ma part les vôtres. Quand et où nous reverrons-nous donc enfin ?

Goethe.

134.

GŒTHE A KESTNER.

2 février 1789.

J'ai reçu à temps, mais par un détour, votre lettre. Depuis, j'ai réfléchi sur ce que vous désirez. J'ai pris çà et là des informations; mais je n'ai rien trouvé qui pourrait vous satisfaire directement. Cependant, j'ai un projet qui réussira peut-être. Écrivez-moi par quelle voie je dois m'expliquer d'une manière plus précise. Pardonnez-moi si je ne vous en dis pas davantage aujourd'hui. Saluez de ma part les vôtres et souvenez-vous de moi.

G.

136.

GŒTHE A KESTNER.

2 mars 1790.

Votre lettre m'a fait beaucoup de plaisir, mon cher Kestner, surtout le petit mot du Brocken [1], qui m'est une véritable preuve de votre constant souvenir. Aussi, j'ai souvent pensé à vous quand j'ai été heureux.

Je vous dis aujourd'hui peu de choses; vous l'estimerez mieux, parce que je réponds sans retard. Cette lettre sera suivie du sixième volume de mes écrits. Je vous souhaite des heures heureuses pour vous en réjouir.

Adieu. Saluez de ma part Lotte et les vôtres. Je suis de nouveau sur le point de faire un voyage. — Dans quelle direction? — Je ne le sais pas moi-même.

Adieu. Conservez-moi votre affection.

G.

[1] Brocken ou Blocksberg est le nom du point le plus élevé de la montagne du Harz, où Gœthe a placé une des scènes les plus fantastiques de son *Faust*.

136.

GŒTHE A KESTNER.

Le 10 mars 1791.

Je vous remercie, mon cher, pour la preuve que vous vivez encore et que vous vous souvenez de moi en ami. J'ai été très-content de votre Amélie [1]. En la regardant, je me suis senti en même temps rajeuni et vieilli.

Voici mon huitième volume, comme je suis un correspondant négligent, j'ai du moins la consolation de m'entretenir par cette voie avec mes amis absents.

Vous me pardonnerez de ne pas vous envoyer mes essais sur la botanique, et dorénavant tout mes travaux de ce genre. Ils ne peuvent pas vous être utiles. Quand je ferai imprimer quelque chose de *lisible*, je vous l'enverrai. Adieu, saluez Lotte et les enfants et pensez à moi.

GŒTHE.

[1] Cette sœur cadette de Lotte, déjà mentionnée au n° 125, arriva à Weimar après son mariage avec le conseiller Riedel.

137.

GŒTHE A KESTNER.

16 juillet 1798.

Vous auriez eu, mon cher vieil ami, plus tôt de mes nouvelles, si vous m'en aviez fait parvenir des vôtres. Car, cela ne tire pas à conséquence, quand je ne réponds pas par hasard à une lettre et que je me tais pendant longtemps. Les jours et les années s'envolent avec une rapidité telle qu'on a de la peine à réfléchir, et il semble que cette rapidité augmente à mesure qu'on descend. J'espère que vous me reconnaîtriez, quant à mon intérieur, si nous nous revoyions. Quant à mon extérieur, on dit que je suis devenu gros. Ci-jointe une ficelle qui est la mesure de ma périphérie. Vous pourrez voir si j'ai réussi, sous ce rapport, mieux que vous, car autrefois nous étions à peu près de la même taille. Je me porte bien, je suis actif et aussi heureux qu'on puisse le demander sur ce globe.

Je voudrais bien apprendre la même chose de vous et des vôtres. Saluez-les cordialement.

GŒTHE.

138.

VERS ADRESSÉS PAR GOETHE A KESTNER,

Écrits sur la première page d'un exemplaire de *Deserted village by Dr. Goldsmith*, dont il fit cadeau à Kestner.

Quand au bout des souffrances de cette vie,
La fortune t'accorde du repos et des jours heureux !
N'oublie pas celui qui, — de tout son cœur,
T'a aimé et a aimé avec toi.

GOETHE.

139.

EXTRAIT D'UNE LETTRE DE KESTNER

A SON ANCIEN GOUVERNEUR.

Wetzlar, vers la fin de 1767, ou au commencement de 1768.

........Je fréquente ici une des meilleures maisons de la ville. Elle est reconnue pour telle par la noblesse et par d'autres personnes, enfin par quiconque n'est pas esclave de la vanité. Celui qui connaît intimement cette maison en est enchanté. Un brave père, gai vieillard, encore vigoureux, grâce à la tempérance et une bonne constitution, complaisant pour tout le monde et honnête, plein de bienveillance envers les autres, quoiqu'un peu rude (en comparaison avec le personnage suivant). La mère — je ne sais par où commencer l'énumération de ses qualités — un seul mot peut la peindre : c'est la meilleure des épouses, des mères et des amies. Arrivée à l'âge de quarante ans, elle ne manque pas d'agréments; mais elle les ignore ou semble du moins les ignorer. Son beau et doux cœur est bienveillant, complaisant et tendre. Elle a de l'intelligence, de la véritable sagesse et un esprit agréable.

Elle joint à ces qualités un caractère modeste, vertueux, religieux, etc.; elle est vénérée par tout le monde et tendrement aimée par ses enfants. Ceux-ci sont sa principale occupation et absorbent toute son attention; elle est leur plus précieux bien. Quand elle sort, les grands et les petits sont contrariés et mécontents; et quand elle rentre ce sont des cris de joie, des embrassements, des baisers, des questions sans fin, où elle a été si longtemps, des rapports sur ce qui s'est passé pendant son absence, etc. Les enfants sont plus sensibles à ses avertissements que d'autres ne le sont aux coups. Je quitte avec peine ce portrait pour passer aux enfants. Il y a deux grandes filles, l'une âgée de dix-huit ans, l'autre de seize ans. Elles sont, comme tous les enfants, dignes de leur mère. Ils ont tous les cheveux blonds et les yeux bleus; les petits pourraient poser pour un groupe d'amour. L'aînée est assez régulièrement belle, calme, silencieuse, d'un tempérament doux, etc. La beauté de la seconde, jugée d'après les règles, est moins parfaite; néanmoins elle est plus charmante et plus gracieuse. Elle a le cœur sensible et sympathique. Son corps (ainsi que celui de tous ses frères et sœurs), est délicat, et son âme ne l'est pas moins. Elle est pleine de pitié pour tous les malheureux, complaisante et toujours prête à rendre service à tout le monde; elle est impressionnable et se réconcilie rapidement, quand elle croit avoir offensé quelqu'un; elle est bienfaisante, aimable et polie, enchantée quand un bonheur arrive à quelqu'un, et pas du tout envieuse et jalouse (défaut ordinaire chez les jeunes et les vieilles femmes). En outre, elle a un caractère éveillé, une âme vive, une intelligence prompte, et elle se distingue par sa présence d'esprit. Elle est gaie, toujours contente et elle communique, par sa conversation, ses saillies, et par une certaine bonne humeur, sa gaieté à tout son entourage. Elle est la joie de ses parents. Quand elle aperçoit dans sa famille une figure sombre, elle se presse de l'égayer. Tout le monde l'aime et elle ne manque pas d'adorateurs, dans le nombre desquels se trouvent, ce qui est curieux, des sots et des spirituels, des hommes sérieux et des étourdis. Elle est sage, pieuse et travailleuse, habile en tous les travaux de femmes, surtout docile.....

Ici se termine la correspondance de Gœthe. L'édition allemande contient encore quatre lettres de Kestner (n°˚ 139, 140, 141 et 142), adressées la première à son ancien gouverneur, et les trois autres à M. de Hennings. Ces lettres remontent à une époque où leur auteur ne connaissait pas encore Gœthe, et elles n'offrent pas d'intérêt pour le lecteur français, à l'exception de quelques passages qui se rapportent à Lotte, sa fiancée, passages donnés en extrait dans la lettre qui précède.

FIN.

www.ingramcontent.com/pod-product-compliance
Lightning Source LLC
Chambersburg PA
CBHW070649170426
43200CB00010B/2176